Die Kunst des Miteinander

Tagebuch eines Malers
PICASSO
und seine Freunde

Bilder und Gedichte von den Kindern
der Wilhelm Scholê

PAÍDEIA PRESS · HOUSTON · AMANDUS VERLAG · WIEN

*Für
Suzanne Pathé, unsere Mémé
die unser Leben veredelt hat.*

Übersetzung der französischen Gedichte: Marie Gabrielle Pitti Ferrandi Gourand
in Zusammenarbeit mit Pierre Emanuelli

Übersetzung der deutschen Prosa: Kamilla Demmer · Annemarie Weber (Einleitung)
Fotodokumentation der Schule: Titus Leber

Copyright © Marilyn E. Wilhelm 1982
Alle Rechte einschließlich Nachdruck, Übersetzung,
Fernseh- und Rundfunkbearbeitung vorbehalten

ISBN 3 - 85009 - 012 - 4

Printed in Austria 1982 by Amandus Verlag · Wien in Zusammenarbeit mit
Paídeia Press · Houston, Texas 77027 USA

Druck und Bindung: Druckerei Gutenberg, A 4020 Linz

INHALT

EINLEITUNG:	Die Wilhelm Scholê *Robert Bartlett Haas*	5
DIE ÜBUNG:	Vom Wissen zum Verstehen *Marilyn E. Wilhelm*	7

DAS MITEINANDER:	Tagebuch eines Malers: Picasso und seine Freunde *Bilder und Gedichte von den Kindern der Wilhelm Scholê*	9

DER KRITIKER:	Vergißt man, wenn man erwachsen wird? *John Canaday*	137
DER LEHRER:	Zur Kunst des Lehrens *Marilyn E. Wilhelm*	139
DIE PHILOSOPHIE:	Das Konzept der Wilhelm Scholê	151

DIE KINDER:	Ein Blick in den Alltag der Wilhelm Scholê	153

ANHANG:	Katalog der Bilder von Picasso und seinen Freunden *Von den Kindern studiert*	159

EINLEITUNG: Die Wilhelm Scholê
Robert Bartlett Haas

Bereits seit dem 19. Jahrhundert war Amerika reich an „Versuchsschulen", an Schulen, die bemüht waren, Wege zu finden, die den jungen Menschen behilflich sein sollten, ihre eigenen Fähigkeiten voll zu entwickeln.

Diese Schulen waren und sind auch heute noch ein Zeugnis für den Traum der Amerikaner, daß man einen Menschen zur Vollkommenheit führen kann. Diese Idee war dem fortschrittlichen europäischen Denken entlehnt und bis an die Küsten der Vereinigten Staaten von Amerika wurden die Erziehungsideale von Männern wie Jean Jacques Rousseau (1712–1778), Johann Pestalozzi (1746–1827) und Friedrich Fröbel (1782–1852) verbreitet.

Die Vereinigten Staaten waren besonders empfänglich für diese romantischen Erziehungsideale, da sie im Einklang standen mit dem demokratischen Gedanken, der ihr nationales Leben gestaltete und dem Individuum einen besonders hohen Wert beimaß.

Um 1812 hatte sich für alle in Amerika eine freie, öffentliche, nicht religionsgebundene Erziehung bis zum Abschluß der Mittelschule etabliert. Die Bandbreite der individuell unterschiedlichen Fähigkeiten, Interessen, Motivationen, die man bei den Schülern in einer einzigen Klasse vorfand, bereiteten den Lehrern große Schwierigkeiten. Diese wurden zum Teil dadurch gelöst, daß man den herkömmlichen „klassischen" europäischen Lehrplan der Vergangenheit aufgab und einen neuen, freien, „demokratischen" Lehrplan erstellte, der für alle Kinder etwas Brauchbares und Sinnvolles enthielt.

Ein so vielgestaltiges Curriculum erforderte einen neuen Lehrertyp; er mußte mit den individuellen Eigenheiten der Schüler fertig werden und zugleich den gesellschaftlichen Auftrag einer öffentlichen Erziehung erfüllen. Glücklicherweise trug die wissenschaftliche Pädagogik des 20. Jahrhunderts, angeführt von so überragenden Persönlichkeiten wie John Dewey (1859–1952), durch wegweisende Studien über Wachstum und Lernen, maßgeblich dazu bei, daß Lehrer an öffentlichen Schulen ihrer schweren Aufgabe gerechter werden konnten.

Durch die Intensivierung der wissenschaftlichen Erforschung des Menschen und seiner Lernfähigkeiten und Probleme zog eine neue Lehrergeneration mit Zuversicht in die Erziehungsberufe ein. Ausgezeichnete Lehrerseminare und Pilot-Schulen entstanden im ganzen Land, meistens in enger Verbindung mit Fakultäten der Universitäten und dazu bestimmt „Meisterlehrer" auszubilden.

Die Führung wurde stets von Versuchsschulen in Schlüsselpositionen ergriffen, in denen die besseren Unterrichtsmethoden ausprobiert wurden. Eine der herausragendsten Schulen ist die Wilhelm Scholê in Houston, Texas, deren Schüler mit einem Beispiel aus ihrer Arbeit zu diesem Katalog und der dazugehörigen Ausstellung beigetragen haben.

Das Besondere an der Wilhelm Scholê[1] ist, daß sie in der vordersten Front der pädagogischen Theorie und Praxis von heute steht. Sie hält das Gleichgewicht zwischen den strengen Lehrmethoden, die meistens mit der „klassischen" Erziehung gemeint sind, dem Glauben an das Individuum, wie ihn die „Naturalisten" haben, den psychologischen Gegebenheiten von „fortschrittlicher Pädagogik" und der neuesten Errungenschaft, der „Holistik"[1], die aus der amerikanischen „Humanistischen Psychologie"[2] kommt.

---

[1] Für die Definition von Scholê und holistisch siehe Seite 151.
[2] Humanistische Psychologie: Von Charlotte Bühler entwickelt, legt Nachdruck auf den Prozeß, durch dem Menschen etwas aus sich machen und sich über den Augenblick hinaus erfolgreich verwirklichen können.

Es bedarf tüchtiger Lehrkräfte, um eine solche Integration zustandezubringen, um Wörter wie „Liebe" und „Mitgefühl" und „Achtung" in den Lehrplan wieder einzuführen, um Schüler für die vielgestaltigen Ideen der zeitgenössischen Kunst und Wissenschaft zu interessieren und dabei Ergebnisse zu erzielen, die den herkömmlichen Schulen weit überlegen sind. Diese laufen Gefahr, in Amerika nur berufsbildende Anstalten zu werden. Daher kommt der Wilhelm Scholê heute als Zentrum dieser neuen Lehrmethode eine so große Bedeutung zu: Sie behält die besten europäischen Traditionen bei und gibt die „Amerikanische Humanistische Psychologie" als Geschenk an Europa zurück. Schüler und Lehrer denken „holistisch": sowohl ein nützlicher Weg als auch ein wirkungsvolles Gegengewicht zu den überwiegend materialistischen Tendenzen unserer Zeit.

Was sowohl Eltern wie Kindern zugute kommt, ist, daß die Wilhelm Scholê nicht nur Schule ist, sie ist eine Gemeinschaft des Geistes, wo eine stützende Familienatmosphäre und ein holistisches Erziehungsprogramm zusammenkommen. So wird von allen Seiten gleichzeitig unter einem Dach auf das Kind eingewirkt. Die Scholê ist eine Gemeinschaft von Schülern, Eltern und Lehrern, die alle voneinander lernen und in der jeder zur Festigung der Familienbande beiträgt. Das holistische Prinzip unterscheidet die Wilhelm Scholê von anderen Schulen. Das Curriculum beruht auf dem Zusammenwirken von geistigen, psychologischen, gefühlsmäßigen und ästhetischen Komponenten der Kindererziehung. Die Aktivitäten gehen vom harmonischen Ganzen aus und führen dahin zurück: die Menschheit als große Familie und die allgemeinen Entfaltungsmöglichkeiten des einzelnen. Im Mittelpunkt des Unterrichtsstoffes steht deswegen häufig eine eingehende Beschäftigung mit dem Lebenslauf berühmter Männer und Frauen, wie z. B. die Biographien von Pablo Picasso und seiner Freunde, die die Kinder dazu anregten, das „Tagebuch eines Malers" zu erstellen; es wird in diesem Buch unter dem Titel „Die Kunst des Miteinander" vorgestellt.

Die Methode der Wilhelm Scholê besteht darin, die getrennten Wissenszweige miteinander zu verweben und sie zu menschlichen Werten in Bezug zu setzen. Das geschieht dadurch, daß die Künste in die Wissenschaften, in die Philosophie und Kulturgeschichte eingebunden werden. Es beginnt mit unseren ältesten Kulturen, Afrika und Asien, die den Weg zu den Römern und Griechen bahnen und von da weiter in unsere moderne Welt führen. Lehrer, die in der Lage sind, so zu unterrichten, nähern sich der Kunst des Lehrens. Die Kinder lernen schnell, daß Geist und Körper zusammengehören, daß Nächstenliebe und Toleranz unser Leben bereichern. Die Pflege gesunder Ernährung ist ein unerläßlicher Teil holistischer Erziehung und spielt daher eine wichtige Rolle im Lehrplan. Den Kindern wird das Wissen um abwechslungsreiche Kost vermittelt und sie finden Gefallen daran. Sie werden angeregt, gute Eßgewohnheiten anzunehmen und zu schätzen, und sie erfahren, welche Rolle Körperertüchtigung, Meditation und Ruhe für die Erhaltung der Gesundheit spielen.

Das Programm der Wilhelm Scholê ist auf unterschiedliche Altersstufen und Fähigkeiten ausgerichtet; das bedeutet, daß die Schüler entsprechend ihren Fähigkeiten ohne Berücksichtigung des Alters eingeteilt werden und daß der Unterricht sich nach ihrer Leistungsfähigkeit richtet. Die festgelegten Lernziele des Staates Texas dienen als Grundlage für das Curriculum. Dieses wird ergänzt von den kulturgeschichtlichen Serien der Wilhelm Scholê. In der Mitte und am Ende des Schuljahres werden Tests nach dem Muster von Iowa und California durchgeführt. Lehrer und Eltern tauschen schriftliche Halbjahresberichte aus. Darüber hinaus werden die Eltern angeregt, die Schule, wann immer sie wollen, zu besuchen und sich so oft wie möglich mit den Lehrern zu besprechen. Die Wilhelm Scholê und die Familie sind die zwei Seiten derselben Medaille.

Nürtingen und Los Angeles, Dezember 1981

DIE ÜBUNG: Vom Wissen zum Verstehen
Marilyn E. Wilhelm

Der Lehrplan der Wilhelm Scholê beruht auf der Kulturgeschichte der Menschheit. Deshalb wird größter Wert auf Kunst und Wissenschaft, sowie auf antike Sprachen und Literatur gelegt. Die Kunst ist jene unaufhörliche geistige Aktivität, die eine Einsicht in die Geschichte der Menschheit – die wirkliche Geschichte – ermöglicht. Sie zeigt, was wir empfunden und gefühlt, was wir uns vorgestellt und erträumt, und was wir verehrt und geliebt haben. Die Kunst formt also das Verständnis unserer Schüler für das Leben.

Die Scholê hat sich schon mit vielen Künstlern beschäftigt, aber warum gerade Picasso? Auf Picasso fiel die Wahl, weil er der einflußreichste Künstler des 20. Jahrhunderts ist. Er stand im Einklang mit seiner Zeit. Picassos Kunst, welche die Wirklichkeit im Sinne einer Freud'schen Welt erweiterter Sexualität darstellt, spiegelt unsere Epoche wider. Obwohl Picasso keine Schule begründet hat, ist sein Einfluß auf so verschiedene Bereiche wie Film, Theater, Musik, Literatur, Architektur, Werbung und Mode unübersehbar. Picasso ist daher einer der unbestreitbar wichtigsten Zeugen unseres Zeitalters – selbst für Kinder.

Aber Picasso stellt den Lehrer vor viele Probleme. ,,Ein Gemälde'', sagte Picasso, ,,ist eine Summe von Zertrümmerungen.'' Er glaubte, daß der Drang zu zertrümmern auch ein schöpferischer Drang sei. Picassos Technik der Zertrümmerung begann mit der bisher nie dagewesenen Praxis der brutalen Deformierung des menschlichen Antlitzes. Er verzerrte, entstellte und verstümmelte Gesicht und Körper, um sie dann wieder zu einem biomorphen menschlichen Wesen aufzubauen. Überdies reichte seine Vorstellung des Individuums ins Soziale hinüber. Kein anderer Künstler hat mit solcher Intensität die Wildheit, Bestialität, Geistlosigkeit und Grausamkeit des Menschen enthüllt.

Sollen Kinder solche Dinge erforschen? Stellen wir die Frage ob die ,,Summe der Zertrümmerungen'' alles ist, wonach der Mensch strebt? Wagen wir es mit Picasso die brennende Frage zu stellen: Was ist die Natur des Menschen?

Diese Fragen sind entscheidend, weil der Sinn des Lebens, der gleichbedeutend ist mit dem Sinn der Erziehung, in unserer Antwort enthalten ist. Indem wir die Kunst Picassos in Bezug zum Leben setzten, statt uns auf das Studium seiner Technik zu beschränken, betrachteten wir Picassos Werk als eine Bestandsaufnahme unserer heutigen Werte. Wir dachten darüber nach, welche Beziehung diese Werte zur Vergangenheit haben und inwiefern sie in die Zukunft weisen.

Die Kinder haben gelernt, daß die Chinesen und Griechen, die sich der unbegreifbaren Realität der Schönheit bewußt waren, Wahrheit und Schönheit zu verschmelzen wußten, um die ,,Wirklichkeit'' zu gestalten oder, was George Bernard Shaw die notwendige Illusion nennt, ,,die Verkleidung, in der die Realität dargestellt werden muß, bevor sie das Interesse des Menschen erwecken, oder seine Aufmerksamkeit erregen oder von ihm überhaupt bewußt wahrgenommen werden kann.'' Ja, es war Idealisierung. Aber was ist Idealisierung, wenn nicht eine Form von Hoffnung? Und, wie die Statue in ,,Don Juan in der Hölle'' sagt: ,,Denn was ist Hoffnung? Eine andere Form der moralischen Verantwortung.''

Die Völker der Antike wußten, daß der durch die Schönheit geschaffene Zustand von Seele und Herz den menschlichen Geist verfeinert. Ja, mehr als das, sie glaubten, daß die Freude, die Begeisterung, die uns aus der Hoffnung erwächst, daß wir edel, daß wir dem Göttlichen verwandt sind, die Werte und Handlungen unseres täglichen Lebens beeinflussen und uns dadurch auf die höchste Ebene der Existenz erheben. Deshalb glaubten die Griechen, daß die Künste den

Menschen veredeln, deshalb waren die Chinesen überzeugt, daß die Kunst die höchste und tiefste moralische Autorität innerhalb einer Kultur ist.

Picasso sah die Realität anders als die Chinesen und Griechen (deren Ansicht er als Lüge bezeichnete), weil sie Wahrheit durch Schönheit zu begreifen suchten. „Schönheit", sagte Picasso einmal zu Sabartès, „wie sonderbar – für mich ist das ein Wort ohne jeden Sinn, denn ich weiß nicht woher seine Bedeutung kommt, noch wohin es führt."

„Jedermann sieht", sagte Shaw, „was er sehen will und hört was er hören will und sonst nichts." So gibt Picasso den Lehrern nicht nur die Möglichkeit, seine Wirklichkeit mit seinen Augen zu sehen, sondern auch die Frage zu stellen: Gibt unsere animalische Natur uns in unserer Totalität wider? Wenn wir Picasso mit den Chinesen oder den Griechen vergleichen, können wir dann sagen, daß er besser gesehen hat als sie, daß seine Wahrnehmung deutlicher gewesen ist? Oder verzerrt Picassos Kunst das Verständnis? Ist seine Sicht entstellt, weil Sex und Gewalt in seine Augengläser eingeritzt sind? Ist seine Sicht nicht einseitig? Braucht er nicht neue Brillen? Oder brauchen wir sie? Das soll nicht heißen: rosa Brillen. Durch gefärbte Gläser entsteht eine andere Art von Veränderung und sie beschränken die Sicht im Dunklen.

Letzten Endes hat unser Studium der Kunst Picassos Daniel-Henry Kahnweilers Bemerkung bestätigt, daß „Malerei – insoferne die Bestandaufnahme ist – den direkten Ausdruck des geistigen Lebens einer Epoche darstellt und daher ohne Verzögerung jede Veränderung in diesem geistigen Leben widerspiegelt."

Außerdem ließ unser Studium den Kindern bewußt werden, daß wir, die wir arbeitend oder betrachtend in unserer Epoche gefangen sind, weder sagen können, was wir tun, noch wohin wir gehen. Es bedarf eines Genies – eines Picasso – vor uns allen zu erkennen, wer und wo wir sind und worauf wir zugehen.

Wir sind Picasso dankbar, weil er uns geholfen hat, unser Zeitalter zu diagnostizieren und unsere Lage zu beurteilen. „Wir können unsere Epoche nicht ändern", schrieb Goethe, „aber wir können ihren Tendenzen widerstehen und den Grund für einen glücklichen, neuen Anfang legen."

Und das war der Ausgangspunkt für die Übung „Tagebuch eines Malers" – unseren Kindern zu helfen, sowohl die lichte, wie die dunkle Seite der Dinge zu sehen. Dann können sie nach ihrem eigenen Urteil ihre Wahl treffen.

Washington D. C. 3. Jänner 1982

Ein Gedicht ist ein Bild mit einer Stimme (Chinesisches Sprichwort)

THE SHARING: Diary of a Painter · Picasso and his Friends
Poems and Paintings by the Children of the Wilhelm Scholê

LE PARTAGE: Journal d'un peintre · Picasso et ses amis
Poèmes et peintures par les enfants de là Wilhelm Scholê

DAS MITEINANDER: Tagebuch eines Malers · Picasso und seine Freunde
Gedichte und Bilder von den Kindern der Wilhelm Scholê

Picasso	*Picasso*	*Picasso*
We were all together	Nous étions tous ensemble	Wir waren alle beisammen
Looking at Picasso's paintings	Regardant les tableaux de Picasso	Und betrachteten Picassos Bilder
Everyone was sharing	Chacun partageait	Jeder teilte dem anderen mit
What they saw and felt	Ce qu'il voyait et ressentait	Was er sah und fühlte
We were thinking thoughts	Nous avions des pensées	Wir dachten Gedanken
And binding them together	Que nous rassemblions	Und fügten sie zusammen
To grow and share	Pour les grandir et les partager	Um zu wachsen und zu teilen

Paige Martin (9) · 1979

Picasso's diary

Energy . . . incredible energy!
His brush never stopped
Everyday he painted a part of his life
Everything reminded him of himself
The good times . . . the bad times
His family . . . his friends
The women who loved him . . . his children
It's all there . . . painted on canvas

Journal de Picasso

Energie . . . incroyable énergie!
Son pinceau ne s'arrêtait jamais
Chaque jour, il peignait un épisode de sa vie
Tout lui rappelait quelque chose
Les bons moments . . . les mauvais moments
Sa famille . . . ses amis
Les femmes qui l'aimaient . . . ses enfants
Tout est là . . . peint sur la toile

Picassos Tagebuch

Energie . . . unglaubliche Energie!
Sein Pinsel ruhte nie
Täglich malte er einen Teil seines Lebens
Alles erinnerte ihn an sich selbst
Die guten Zeiten . . . die schlechten Zeiten
Seine Familie . . . seine Freunde
Die Frauen, die ihn liebten . . . seine Kinder
Alles ist da . . . auf Leinwand gemalt

Lance Borlase (11)   Wesley Settle (11)   Todd Frazier (11)   John Sahakian (12)   Alex Zhukoborsky (12) · 1981

The Matador · Earliest known painting by Picasso · 1889–90

Kristin Yeriazarian (8) · 1981

Naissance d'un genie

Le 25 Octobre 1881
Un génie naissait à Malaga, en Espagne
Il sut dessiner avant de savoir parler
Et peindre avant de savoir lire!
Son père, professeur de dessin
Laissait l'enfant dessiner près de son chevalet
Il lui apprit *tout* . . .
A l'âge de sept ans
Il était rare de voir le garçon
Sans un crayon à la main
A seize ans, il fit sa première exposition
Et l'histoire raconte que son père
Lui donna sa palette et ses pinceaux
En jurant qu'il ne peindrait plus jamais
Car . . .
»Mon fils m'a dépassé!«
Ce génie était Pablo Ruiz Picasso

Geburt eines Genies

Am 25. Oktober 1881
Wurde ein Genius geboren, in Malaga, Spanien
Er konnte zeichnen, bevor er sprechen konnte
Und malen, bevor er lesen konnte!
Sein Vater, ein Zeichenprofessor
Ließ ihn neben seiner Staffelei zeichnen
Und lehrte ihn *alles* . . .
Mit sieben Jahren
Sah man den Knaben selten
Ohne einen Bleistift in der Hand
Mit sechzehn hatte er seine erste Ausstellung
Und man erzählt, daß sein Vater
Ihm seine Farben und Pinsel übergab
Und schwor, er werde nie wieder malen
Denn . . .
»Mein Sohn hat mich überflügelt«
Dieses Genie war Pablo Ruiz Picasso

Birth of a genius

On October 25, 1881
A genius was born in Malaga, Spain
He could draw before he could talk
And paint before he could read!
His father a professor of painting
Let the child draw beside his easel
He taught him *everything* . . .
By the time the boy was seven
He was seldom seen
Without a pencil in his hand
At sixteen he had his first exhibition
And the story goes that his father
Gave him his paints and brushes
And swore he would never paint again
Because . . .
"My son has outmastered me!"
This genius was Pablo Ruiz Picasso

Paige Buddeke (8)   Kristin Yeriazarian (8)   Elizabeth Albin (6)   Allyn Guffey (8)   Laura Sargent (9)   Kim McIntyre (8)   Tracey Sole (6) · 1981

Menu of Els Quatre Gats · Barcelona, 1899

April Lawell (8) · 1981

The Four Cats

Artists, musicians, poets, writers
Exchanging ideas on
Painting, politics and literature
Made the Four Cats a lively cafe
Passionate conversation filled
Every corner of the room
But talk of Paris
Was what caught Pablo's ear
Wide-eyed friends told of the
Bright colors and Realism
Of Toulouse Lautrec . . .
Night and day Pablo dreamed
Of the wonders of Paris

Les Quatre Chats

Artistes, musiciens, poètes, écrivains
Echangeant des idées sur
La peinture, la politique et la littérature
Faisaient des Quatre Chats un café très vivant
La salle était remplie
De conversations passionnées
Mais c'est lorsqu'on parlait de Paris
Que Pablo se montrait le plus attentif
Des amis émerveillés parlaient des
Couleurs vives et du Réalisme
De Toulouse Lautrec . . .
Nuit et jour Pablo rêvait
Aux splendeurs de Paris

Die Vier Katzen

Künstler, Musiker, Dichter, Schriftsteller
Tauschten ihre Gedanken aus
Über Malerei, Politik und Literatur
Sie machten die Vier Katzen zu einem
Lebhaften Café
Hitzige Gespräche füllten
Jede Ecke des Raumes
Pablo aber hörte nur
Was sie von Paris erzählten
Staunende Freunde berichteten
Von den leuchtenden Farben und dem Realismus
Des Toulouse Lautrec . . .
Tag und Nacht träumte Pablo
Von den Wundern von Paris

John Dora (11) Todd Frazier (11) Victor Morris (11) · 1981

Self Portrait With Casagemas · 1899

Ricardo Rojas (9) · 1981

The adventurers

Two young friends . . . Pablo and Casagemas
Walking on the streets of Paris
The beginning of an Adventurous Dream
What is their dream??
To be a part of the World of Art!

Les aventuriers

Deux jeunes amis . . . Pablo et Casagemas
Marchant dans les rues de Paris
Le début d'un Rêve Aventureux
Quel est ce rêve??
Faire partie du Monde de l'Art!

Die Abenteurer

Zwei junge Freunde, Pablo und Casagemas
Schlendern durch die Straßen von Paris
Beginn eines abenteuerlichen Traumes
Was ist ihr Traum??
Ein Teil der Welt der Kunst zu sein!

Estaban Rojas (8) Paige Buddeke (8) Malynda Fairbanks (9) Kristin Yeriazarian (7) · 1981

Courtesan With Jeweled Collar · Paris 1901

Anna Maria Sahakian (10) · 1981

Paris

Verts, bleus, roses, jaunes
La richesse des couleurs l'étonnait
Paris était la terre de la liberté et des occasions!
Picasso commença par copier les grands maîtres
Van Gogh, Gauguin, Degas, Seurat . . .
Mais spécialement Toulouse Lautrec
Vollard organisa la première exposition de Pablo
Les critiques louèrent son talent à peindre comme les autres
Mais se demandèrent s'il serait jamais capable de
Trouver un style à lui
Oui! Le désespoir peint en bleu
Devint bientôt sa marque personnelle

Paris

Greens blues pinks yellows
The richness of color astonished him
Paris was the land of freedom and opportunity!
Picasso began by copying the latest masters
Van Gogh, Gauguin, Degas, Seurat . . .
But especially Toulouse Lautrec
Vollard gave Pablo his first one man show
Critics praised his ability to paint like others
But wondered if he would ever find a style of his own
Yes! Desperation painted in blue
Soon became his trademark

Paris

Grün, Blau, Rosa, Gelb
Der Reichtum an Farben verblüffte ihn
Paris war die Stadt der Freiheit und der Möglichkeiten!
Picasso begann die jüngsten Meister zu kopieren
Van Gogh, Gauguin, Degas, Seurat . . .
Besonders aber Toulouse Lautrec
Vollard gab Pablo seine erste Einmannausstellung
Kritiker lobten seine Fähigkeit wie andere zu malen
Fragten sich aber, ob er je einen eigenen Stil finden werde
Ja! Verzweiflung in Blau gemalt
Wurde bald zu seinem Markenzeichen

Anna Maria Sahakian (10) Amy Woodruff (10) Regina Jacks (11) Jenna Ohlendorf (10) Fréderika Sargent (10) Todd Frazier (11) · 1981

The Death of Casagemas · Paris, Summer 1901

Victor Morris (11) · 1981

Unrequited love

Casagemas fell madly in love with Germaine
Germaine did *not* return his passionate love
He was heartbroken . . .
In a desperate state
He made a fatal error
By committing suicide

Amour non partagé

Casagemas tomba amoureux fou de Germaine
Germaine ne lui rendit *pas* son amour passionné
Il en eut le coeur brisé . . .
Désespéré
Il commit une erreur fatale
En se suicidant

Unerwiderte Liebe

Casagemas verliebte sich wahnsinnig in Germaine
Germaine erwiderte seine leidenschaftliche Liebe *nicht*
Das brach ihm das Herz . . .
In seiner Verzweiflung
Machte er einen verhängnisvollen Fehler
Er beging Selbstmord

Love

What is love?
No one can really explain LOVE . . .
But when you love someone
You forget yourself
And that is proof
That you *really* love

Amour

Qu'est-ce que l'amour?
Personne ne peut vraiment expliquer L'AMOUR . . .
Mais quand on aime quelqu'un
On s'oublie soi-même
Et c'est la preuve
Que l'on aime *vraiment*

Liebe

Was ist Liebe?
Niemand kann LIEBE wirklich erklären
Aber wenn du jemand liebst
Vergißt du dich selbst
Und das ist der Beweis
Daß du *wirklich* liebst

Unrequited love: *Wesley Settle (11)   Paul Williams (9)   Anne Gunnerson (12)   Regina Jacks (11)   Amy Woodruff (10) · 1981*
Love: *Paula Rojas (10)   Anne Gunnerson (12)   Amy Woodruff (10)   Regina Jacks (11) · 1981*

Self Portrait · Paris 1901

Todd Frazier (11) · 1981

Self portrait in blue

The gaiety of Paris
Had turned to sadness and sorrow
Life is a dream
But also an awakening
Casagemas' death awakened
Pablo to the realities of life
Love can be terrible . . .
It can destroy you! Pablo thought
I am going to
Live my life without love
It will be the key to my survival

Auto-portrait en bleu

La gaité de Paris
S'était changée en tristesse et chagrin
La vie est un rêve
Mais aussi un réveil
La mort de Casagemas éveilla
Pablo aux réalités de la vie
L'amour peut être terrible . . .
Il peut vous détruire! Pablo pensa
Je vais
Vivre ma vie sans amour
Cela sera la clé de ma survie

Selbstporträt in Blau

Die Fröhlichkeit von Paris
Hatte sich in Trauer und Trübsal verwandelt
Das Leben ist ein Traum
Aber auch ein Erwachen
Casagemas' Tod weckte
Pablos Sinn für die Wirklichkeit des Lebens
Liebe kann schrecklich sein . . .
Sie kann dich zerstören! dachte Pablo
Ich gehe ohne Liebe
Durch mein Leben
Das wird der Schlüssel zum Überleben sein

Malynda Fairbanks (9) Estaban Rojas (8) Paige Buddeke (8) David Carnes (8) · 1981

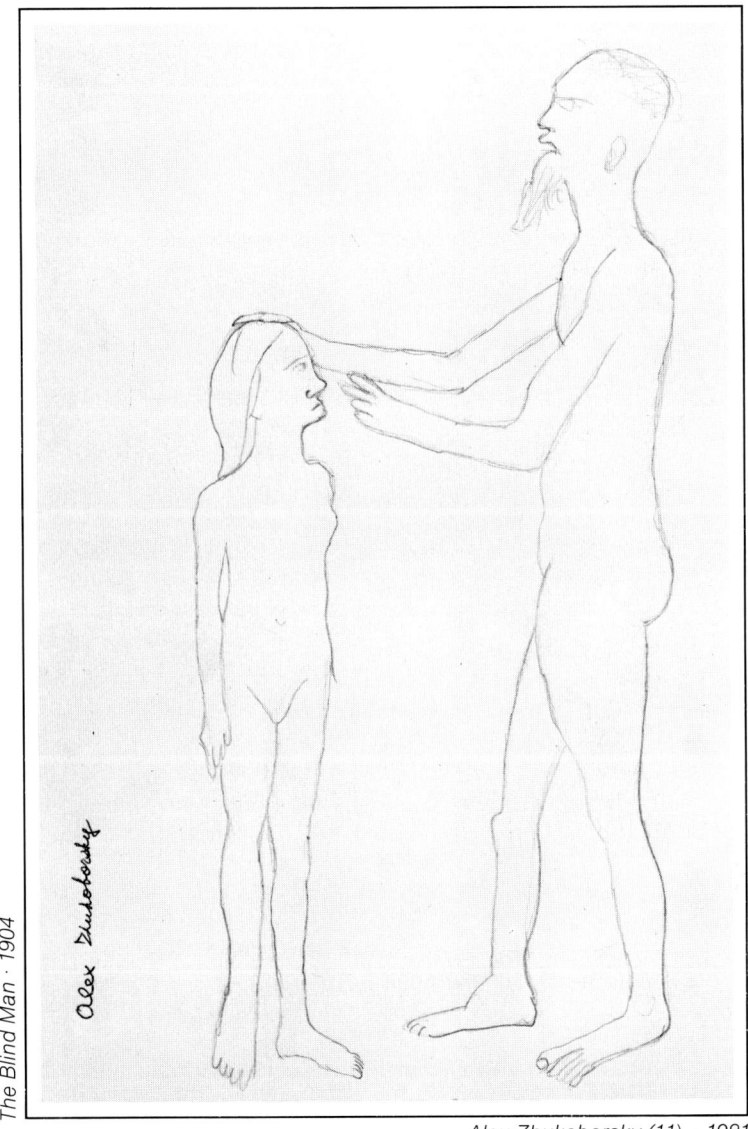

The Blind Man · 1904

Alex Zhukoborsky (11) · 1981

The blind man

The Spanish American War
Filled the streets of Paris
With many Cuban refugees
Homeless . . . jobless . . .
Life seemed hopeless
For these poor unfortunates
Blindness was a tragic reality for many
A fate Picasso feared the most

L'Homme aveugle

La guerre hispano-américaine
Remplit les rues de Paris
De nombreux réfugiés cubains
Sans abri . . . sans travail . . .
La vie semblait sans espoir
A tous ces pauvres malheureux
Dont beaucoup connaissaient
La tragique réalité de la cécité
Sort que Picasso craignait par-dessus tout

Der blinde Mann

Der Spanisch-Amerikanische Krieg
Füllte die Straßen von Paris
Mit vielen kubanischen Flüchtlingen
Heimatlos . . . arbeitslos . . .
Das Leben schien hoffnungslos
Für diese armen Unglücklichen
Blindheit war eine tragische Realität für viele
Ein Los, das Picasso am meisten fürchtete

Clara Pybus Campbell (12)   Chiquita Willis (12)   Alex Zhukoborsky (12)   Paula Rojas (11)   Shawn Speers (12)   Niren Desai (10)
Lance Borlase (11) · 1981

The Old Guitarist · Barcelona, Autumn 1903

Anna Maria Sahakian (10) · 1981

The old guitarist

I feel sorry for the old guitarist
Because he is lonesome, tired, weary
Hungry and thirsty
In every note you hear
The sadness of his soul

Le vieux guitariste

Je me sens triste pour le vieux guitariste
Car il est seul, fatigué, las
Il a faim et soif
Dans chaque note on entend
La tristesse de son âme

Der alte Gitarrist

Der alte Gitarrist tut mir leid
Weil er einsam, müde, erschöpft
Hungrig und durstig ist
In jedem Ton hörst du
Die Traurigkeit seiner Seele

Kristin Yeriazarian (7) · 1980

Sadness in blue

The old guitarist
Plays sadness in blue
Picasso understood
Because he was poor and lonely too

Tristesse en bleu

Le vieux guitariste
Joue la tristesse en bleu
Picasso a compris
Car lui aussi était pauvre et seul

Traurigkeit in Blau

Der alte Gitarrist
Spielt Traurigkeit in Blau
Picasso verstand
Denn auch er war arm und einsam

The old Guitarist

His twisted body is cramped
In the narrow shallow space
Who is this old guitarist
That drones his mournful tune
Of poverty entwined with loneliness?

Le vieux guitariste

Ce corps tordu est crispé
Jusqu'à la moelle
Qui est donc ce vieux guitariste
Qui tire son air triste
De sa pauvreté mélée à sa solitude?

Der alte Gitarrist

Sein gekrümmter Körper ist eingezwängt
In dem engen, schmalen Raum
Wer ist der alte Gitarrist
Der seine traurige Weise summt
Von Armut umhüllt von Einsamkeit?

Determination

Sometimes you have to wait
To get what you want in life
Picasso wanted his paintings
To be known all over the world
But success does not come easy...
Even for a genius
There were times when he was starving
When he burned his sketches
In order to keep warm
But *determination* took Picasso to the top!

Determination

Parfois il faut attendre
Pour obtenir ce que l'on veut dans la vie
Picasso voulait que ses tableaux
Soient connus dans le monde entier
Mais le succès ne vient pas facilement...
Même pour un génie
Il y eut une époque où il mourait de faim
Et où il brûlait ses croquis pour se réchauffer
Mais la *détermination* mena Picasso au sommet!

Entschlossenheit

Manchmal muß man im Leben warten
Um das zu bekommen, was man haben will
Picasso wollte, daß seine Malereien
Auf der ganzen Welt bekannt werden
Aber Erfolg stellt sich nicht leicht ein...
Selbst für ein Genie
Es gab Zeiten, in denen er hungerte
In denen er seine Skizzen verbrannte
Um sich zu wärmen
Aber *Entschlossenheit* trug Picasso zum Gipfel

The old guitarist: *Jennifer Compton (13) Amy Brown (11) Catherine Turnbull (10)* · 1981
Determination: *James Pate (10) Wesley Settle (11) John Dora (11) Todd Frazier (11) John Sahakian (12) Hisham Ba-eshen (10)* · 1981
Sadness in blue: *Paula Rojas (10)* · 1980

The Tragedy · 1903

Ricardo Rojas (9) · Shawn Speers (12) · 1981

Hopeless family

A family . . . cold and miserable
Chilled to the bone by loneliness and despair
Huddle by an endless sea . . .
Only love holds them together

Famille sans éspoir

Une famille . . . qui a froid, misérable
Glacée jusqu'aux os par la solitude et le désespoir
Se serrant au bord d'une mer sans fin . . .
Retenue par les seuls liens de l'amour

Hoffnungslose Familie

Eine Familie . . . kalt und elend
Durchfroren bis auf die Knochen vor Einsamkeit
Und Verzweiflung
Dicht aneinander gedrängt
Am Rande der endlosen See . . .
Nur Liebe hält sie zusammen

April LaWell (8) Regina Jacks (11) Paul Williams (9) Chiquita Willis (11) · 1981

The Absinthe Drinker · 1902

Amy Woodruff (10) · 1981

Misery

Cold and miserable
No friend to share her fate
Scared . . . tired of being alive
A woman drinks to forget

Misère

Gelée et misérable
Aucun ami pour partager son sort
Effrayée . . . fatiguée d'être en vie
Une femme boit pour oublier

Elend

Kalt und elend
Kein Freund teilt ihr Los
Verängstigt . . . des Lebens müde
Trinkt eine Frau, um zu vergessen

Anne Gunnerson (12) Darab Hakimzadeh (11) · 1980

L'Apéritif · Paris 1901

Ricardo Rojas (9) · 1981

The absinthe drinker

A view into a bar …
Many happy people …
Yet one is sad and pitiful
In the corner of the room
A woman alcoholic
Slowly dissolves her brain
In absinthe

La buveuse d'absinthe

Regard dans un bar …
Beaucoup de gens heureux …
Pourtant quelqu'un est triste et pitoyable
Dans un coin de la salle
Une femme alcoolique
Dissout lentement son cerveau
Dans l'absinthe

Die Absinthtrinkerin

Ein Blick in eine Bar …
Viele frohe Menschen …
Doch eine sitzt traurig und elend
In der Ecke des Raumes
Löst eine trunksüchtige Frau
Langsam ihr Hirn
In Absinth auf

L'Apéritif · Paris 1901

Levon Vartanian (9) · 1977

Lisa Talhouk (11) · 1980

Child with Pigeon · Paris, Autumn 1901

Marlene Shepherd (10) · 1981

Child with a dove

Little lady in the park
What are you thinking of?
Where are your parents?
Where is your home?
Why are you standing all alone?

L'enfant au pigeon

Petite demoiselle dans le parc
A quoi penses-tu?
Où sont tes parents?
Où est ta maison?
Pourquoi es-tu là toute seule?

Kind mit Taube

Kleines Fräulein im Park
An was denkst du wohl?
Wo sind deine Eltern?
Wo ist dein Heim?
Warum stehst du so allein?

Kristin Yeriazarian (7) · 1980

The Sick Child · 1903

Anyika Allen (10) · 1981

Desperation

A sick child
Nestled in the warmth
Of his worried mother's arms
Knows he is loved
The mother lives a nightmare
Her home destroyed
Her husband killed
Her child sick
What will I do?

Désespoir

Un enfant malade
Blotti dans la chaleur
Des bras de sa mère tourmentée
Sait qu'il est aimé
La mère vit un cauchemar
Son foyer détruit
Son mari tué
Son enfant malade
Que vais-je devenir?

Verzweiflung

Ein krankes Kind
Kuschelt sich in die wärmenden
Arme seiner besorgten Mutter
Es weiß, es wird geliebt
Die Mutter durchlebt einen Alptraum
Ihr Heim zerstört
Ihr Mann getötet
Ihr Kind krank
Was mache ich nun?

*Erin Cowan (8) Viseh Movarehki (8) Kristin Shaw (5) Amy Frazier (5) Paul Williams (9) Wesley Settle (11) Malynda Fairbanks (9)
Kristin Yeriazarian (8) · 1981*

Young Acrobat On a Ball · 1904–1905

David Ross (10) · Shawn Speers (12) · 1981

The young acrobat

The circus strong man, big and tall
Sits and watches with love and awe
While a tiny graceful acrobat
Treads lightly on a ball

La jeune acrobate

L'homme fort du cirque, gros et grand
Est assis et observe avec amour et crainte
Une toute petite et gracieuse acrobate
Qui marche avec légèreté sur un ballon

Die junge Akrobatin

Der starke Mann vom Zirkus, stattlich und groß
Sitzt und schaut voll Liebe und Bewunderung zu
Wie eine kleine, graziöse Akrobatin
Leichtfüßig auf dem Ball trippelt

The audition

Balancing on a ball
Trying her best
The master acrobat watches
Now she has a job!

L'audition

Se balançant sur une boule
Faisant de son mieux
Le maître acrobate l'observe
Maintenant elle a un travail!

Die Vorführung

Sie balanciert auf einem Ball
Und versucht ihre Bestes
Der Meisterakrobat beobachtet sie
Jetzt hat sie einen Job!

The audition: Amy Woodruff (10) Anna Maria Sahakian (10) · 1980
The young acrobat: David Carnes (8) Estaban Rojas (8) Alex Gee (9) David Ross (10) · 1981

Mother and Child · 1905

Lisa Talhouk (11) · 1981

Mother and child

Mother and child huddled close together
Yet in two distant worlds . . .
A sad silence floats between them

Mère et enfant

Mère et enfant serrés l'un contre l'autre
Et pourtant dans deux mondes éloignés . . .
Un silence triste flotte entre eux

Mutter und Kind

Mutter und Kind dicht beieinander
Und doch in zwei entfernten Welten . . .
Zwischen ihnen schwebt ein trauriges Schweigen

Lisa Talhouk (11) · 1981

From: Two Acrobats With a Dog · 1905

Rachel Schultheis (11) · 1981

Piccasso's circus

Picasso loved the circus!
The brave and daring acrobats
The funny, silly clowns
The jugglers tossing objects in the air
Still . . . Pablo painted no smiles
Only sadness and sorrow

Le cirque de Picasso

Picasso aimait le cirque!
Les acrobates, braves et audacieux
Les clowns, drôles et stupides
Les jongleurs lançant des objets en l'air
Et pourtant . . . Pablo ne peignit jamais de sourires
Seulement tristesse et douleur

Picassos Zirkus

Picasso liebte den Zirkus!
Die mutigen und verwegenen Akrobaten
Die komischen, albernen Clowns
Die Jongleure, die Dinge in der Luft balancieren
Doch . . . Pablo malte kein Lächeln
Nur Trauer und Leid

Erin Cowan (7)   Najila Ba-eshan (7)   Milan Desai (7)   Hoda Ba-eshan (9)   Shaun Smith (8)   Viseh Movarehki (8) · 1981

Woman Ironing

Shawn Speers (11) · 1981

Suffering mother

Skin and bones
Slumping over a
Hot ironing table
A mother tries
To provide for her children
No sleep
Nothing to eat
Life is pain and agony

Souffrance d'une mère

La peau et les os
Effondrée sur une
Table à repasser chaude
Une mère essaie
De gagner la vie de ses enfants
Pas de sommeil
Rien à manger
La vie est souffrance et angoisse

Leidende Mutter

Haut und Knochen
Gebeugt über einen
Heißen Bügeltisch
Eine Mutter versucht
Für ihre Kinder zu sorgen
Kein Schlaf
Nichts zu essen
Das Leben ist Schmerz und Pein

Allison Frazier (9) · 1981

Woman Ironing

M. Fairbanks (9) · A. Woodruff (10) · 1981

Poor and lonely

You can tell by her eyes
She is ready to cry
She does not have a mother
She does not have a father
No children to call her own
If only she had someone to love
If only she had someone to care for
Her life would be filled with happiness

Pauvre et solitaire

On peut voir dans ses yeux
Qu'elle est prête à pleurer
Elle n'a pas de mère
Elle n'a pas de père
Aucun enfant qu'elle puisse appeler le sien
Si seulement elle avait quelqu'un à aimer
Si seulement elle avait quelqu'un à chérir
Sa vie serait pleine de bonheur

Arm und einsam

Man kann es an ihren Augen sehen
Sie ist dem Weinen nahe
Sie hat keine Mutter
Sie hat keinen Vater
Keine Kinder, die ihr gehören
Hätte sie nur jemand zum Liebhaben
Hätte sie nur jemand zum Umsorgen
Ihr Leben wäre mit Glück erfüllt

Brooks Marcus (5) Amy Frazier (5) · 1981

El tio Pepe don José · 1905

Kristin Yeriazarian (8) · 1981

The jolly jester

El tio Pepe Don José
Works in the circus
He puts on funny clothes
And makes people laugh
This jolly jester was
A favorite model for Picasso

Le joyeux bouffon

El Tio Pepe Don José
Travaille dans le cirque
Il a de drôles de vêtements
Et fait rire les gens
Ce joyeux bouffon fut
Un des modèls préférés de Picasso

Der lustige Kasper

El tio Pepe Don José
Arbeitet im Zirkus
Er trägt komische Kleider
Und bringt die Leute zum Lachen
Dieser lustige Kasper war
Ein Lieblingsmodell von Picasso

Erica Davila (5) Jason Berger (5) Chad Dawkins (5) Austin O'Toole II (5) Rudy Candia (6) · 1981

The Acrobat's Family With a Monkey · Paris, Spring 1905

Paige Buddeke (8) · 1981

Silent night

A still night . . .
All is calm but not bright
A baby is lovingly held by his mother
While the father gazes at their son
They wonder . . .
What will our baby's future be?
A good life?
Friends? Food? Work?
The monkey stares at his family
And wonders too . . .
Will their dreams really come true?

Nuit silencieuse

Nuit calme . . .
Tout est paisible mais non lumineux
Un bébé est tenu avec amour par sa mère
Tandis que le père contemple leur fils
Ils se demandent . . .
Quel sera l'avenir de notre bébé?
Une bonne vie?
Des amis? De la nourriture? Du travail?
Le singe regarde sa famille
Et se demande aussi . . .
Leurs rêves se réaliseront-ils vraiment?

Stille Nacht

Stille Nacht . . .
Alles schläft, doch wacht
Die Mutter, die liebevoll das Baby hält
Während der Vater seinen Sohn betrachtet
Beide fragen sich . . .
Wie wird die Zukunft unseres Babys sein?
Ein gutes Leben?
Freunde, Essen, Arbeit?
Der Affe blickt auf seine Familie
Auch er fragt sich . . .
Werden ihre Träume in Erfüllung gehen?

Cole Hartman (8) Kristin Yeriazarian (7) · 1980

The Organ Grinder (Old Jester and Harlequin) · 1904 – 1905
Kristin Yeriazarian (8) · 1981

The rehearsal

Dressed like a harlequin
A little boy sits, waits and wonders . . .
When will my turn come?
How I wish I could run and play!

La repetition

Habillé en Arlequin
Un petit garçon est assis, il attend et se demande . . .
Quand viendra mon tour?
Comme j'aimerais courir et jouer!

Die Probe

Angezogen wie ein Harlekin
Sitzt ein kleiner Junge, wartet und frägt sich . . .
Wann komme ich an die Reihe?
Wie gerne möchte ich laufen und spielen!

Hesham Ba-eshen (10) Wesley Settle (11)   1981

The old jester

A tired old jester
With a long greying beard
Holds a music box
While staring into space
His thoughts are far away

Le vieux bouffon

Un vieux bouffon fatigué
A la longue barbe grisonnante
Tient une boîte à musique
Tout en regardant dans l'espace
Ses pensées sont ailleurs

Der alte Hanswurst

Ein müder alter Hanswurst
Mit langem, ergrauendem Bart
Hält eine Spieldose
Während er vor sich hinstarrt
Sind seine Gedanken weit fort

Young Girl With a Basket of Flowers · Paris, Autumn 1905

Macy Tatum (9) · 1981

The organ grinder

Sadness was the key to the organ
Love was the key to the mask
Hope was the key to survival
Costumes and make-up covered it all

Le joueur d'orgue de barbarie

La tristesse était la clé de l'orgue
L'amour était la clé du masque
L'espoir était la clé de la survie
Les costumes et le maquillage couvraient le tout

Der Leiermann

Trauer war der Schlüssel zur Drehorgel
Liebe war der Schlüssel zur Maske
Hoffnung war der Schlüssel zum Überleben
Kostüme und Schminke überdeckten alles

The organ grinder: *Paige Buddeke (8)* · 1981
The old jester: *Hesham Ba-eshan (10)   Kristin Yeriazarian (7)   Paige Buddeke (8)* · 1981

Young Girl With a Basket of Flowers · Paris, Autumn 1905

Anyika Allen (9) · 1981

Girl with a basket of flowers

Flowers reflect her gloom
As she stands all alone . . .
Alone in an empty room

Jeune fille a la corbeille de fleurs

Les fleurs reflètent sa mélancolie
Elle est debout, seule . . .
Seule dans une pièce vide

Mädchen mit Blumenkorb

Blumen spiegeln ihre Schwermut wider
Wie sie ganz alleine dasteht . . .
Allein in einem leeren Raum

Marlene Shepherd (10) Tatjana Terauds (8) · 1981

The Family of Saltimbanques · Paris 1905

Victor Morris (11) · 1981

The saltimbanques

Imagination and reality woven together
Tell a sad tale . . .
A circus family stares
With deep resentment in their hearts
As a vain unconcerned woman
Strokes her long flowing hair
They all wonder . . . why?
As the orphan girl clasps
Harlequin's hand and sighs
Please don't leave me . . .
Keep me with you . . .

Les saltimbanques

Imagination et réalité confondues
Racontent une histoire triste . . .
Une famille de gens du cirque est là
Avec un profond ressentiment au cœur
Pendant qu'une femme fière et insouciante
Caresse ses longs cheveux flottants
Ils se demandent tous . . . pourquoi?
Tandis que l'orpheline serre
La main d'Arlequin et soupire
S'il te plait ne me laisse pas . . .
Gardes-moi avec toi . . .

Die Gauklerfamilie

Phantasie und Wirklichkeit ineinander verwoben
Erzählen eine traurige Geschichte . . .
Mit tiefem Groll im Herzen
Starrt eine Zirkusfamilie
Auf eine eitle, unbeteiligte Frau
Die ihr lang herabwallendes Haar streichelt
Sie alle fragen sich . . . warum?
Da faßt das Waisenmädchen
Die Hand des Harlekin und seufzt
Bitte verlaß mich nicht . . .
Behalte mich bei dir . . .

Chiquita Willis (11) Anyika Allen (9) Ricardo Rojas (10) Tatjana Terauds (9) Allyn Guffey (8) Lance Borlase (11) · 1981

Young Girl With a Dog · 1905

Lance Borlase (11) · 1981

The orphan

What's wrong with me?
What did I do to deserve this rejection?
What will become of me?
Anxiety and fear fill Raymonde's mind
Will I ever have another chance?
Or will I always be . . .
An unwanted child?

L'orpheline

Qu'est-ce que j'ai?
Qu'ai-je fait pour mériter d'être rejetée?
Que vais-je devenir?
L'angoisse et la crainte emplissent
L'âme de Raymonde
Aurai-je jamais une autre chance?
Ou bien serai-je toujours . . .
Une enfant non désirée?

Die Waise

Was stimmt nicht mit mir?
Womit habe ich diese Ablehnung verdient?
Was soll aus mir werden?
Bangigkeit und Angst erfüllen Raymonde's Sinn
Werde ich je wieder eine Chance haben?
Oder werde ich für immer . . .
Ein unerwünschtes Kind sein?

Lance Borlase (11)   Shawn Speers (11)   Allison Frazier (9)   Paula Rojas (11)   James Pate (10)   Macy Tatum (10)   Shannon Hartgrove (11)
Rachel Schultheis (11) · 1981

Self Portrait · Barcelona or Paris, 1904

John Dora (11) · 1981

Max Jacob

A friend you could depend on
What little he had he shared
With his friends
His best friend was Pablo Picasso
With whom he shared his little room . . .
There was only one bed
So . . . they took turns

Max Jacob

Working and sleeping
Picasso painted all night
And slept during the day
While Max would work
At the department store
Wouldn't you like to be their friend?

Max Jacob

Un ami sur qui l'on pouvait compter
Il partageait le peu qu'il avait
Avec ses amis
Son meilleur ami était Pablo Picasso
Avec qui il partageait sa petite chambre . . .
Il n'y avait qu'un seul lit
Alors . . . ils travaillaient et dormaient
A tour de rôle
Picasso peignait toute la nuit
Et dormait pendant la journée
Pendant que Max travaillait
Au grand magasin
N'aimeriez-vous pas être leur ami?

Max Jacob

Ein Freund, auf den man sich verlassen konnte
Wie wenig er auch hatte, er teilte es
Mit seinen Freunden
Sein bester Freund war Pablo Picasso
Mit ihm teilte er sein kleines Zimmer . . .
Es gab nur ein Bett
Also . . . sie lösten einander ab
Beim Arbeiten und Schlafen
Picasso malte die ganze Nacht hindurch
Und schlief tagsüber
Während Max im
Kaufhaus arbeitete
Möchtest du nicht ihr Freund sein?

Wesley Settle (11) · 1980

Chiquita Willis (12) · 1981
Max Jacob Crowned With a Laurel Wreath · 1928

The Jew in the monastery

Poor Max small and timid
Was born to sadness
Mistreated by his mother
Often beaten by his brothers
His life was one of tears and woe
It was Picasso who first brought joy to his life

They became constant companions . . .
Max taught Pablo to speak French
And introduced him to French literature
When Max converted to Catholicism
Picasso served as godfather
Through the years they remained devoted friends

Later, when Max became laybrother Cyprien
He joined the cloister of St. Benoit
Where Max the poet wrote poems of prayer

Suddenly without warning his world of peace was destroyed
Someone told the Gestapo . . .
"There is a Jew in the monastery" Despite desperate efforts
On the part of influential friends
Max was arrested and herded off
To a "reception center" by the Nazis
Where on March 5, 1944 he died a tragic death

When his body was returned to Paris
Fear kept friends away . . .
Yet grief-stricken Picasso
Had the courage to attend the poet's funeral

The Gestapo brought the life of Max Jacob to an end
But we will *always* remember him

Le juif dans le monastère	*Der Jude im Kloster*
Le pauvre Max, petit et timide	Der arme Max, klein und schüchtern
Etait destiné à la tristesse	Zum Traurigsein geboren
Maltraité par sa mère	Von seiner Mutter mißhandelt
Souvent battu par ses frères	Von seinen Brüdern oft geschlagen
Sa vie n'était que larmes et malheur	Er lebte ein Leben in Trauer und Leid
Picasso fut le premier à y faire entrer la joie	Picasso brachte als erster Freude in sein Dasein
Ils devinrent des compagnons fidèles ...	Sie wurden ständige Freunde ...
Max apprit à Pablo à parler français	Max lehrte Pablo Französisch
Et lui fit connaître la littérature française	Und führte ihn in die französische Literatur ein
Quand Max se convertit au Catholicisme	Als Max zum Katholizismus übertrat
Picasso lui servit de parrain	War Picasso sein Taufpate
Ils restèrent des amis dévoués tout au long des années	Die ganze Zeit blieben sie treue Freunde
Plus tard, lorsque Max devint le frère lai Cyprien	Später, als Max Laienbruder Cyprian wurde
Il rejoignit le cloître de St. Benoit	Trat er in das Kloster St. Benoit ein
Où Max le poète écrivit des prières en poèmes	Wo der Dichter Max Gebete als Gedichte schrieb
Soudain sans prévenir son monde de paix fut détruit	Plötzlich, ohne Vorwarnung, wurde seine friedliche Welt zerstört
Quelqu'un dit à la Gestapo ...	Jemand verriet der Gestapo ...
«Il y a un Juif dans le monastère»	„Ein Jude ist im Kloster!"
Malgré les efforts désespérés d'amis influents	Trotz verzweifelter Bemühungen einflußreicher Freunde
Max fut arrêté et envoyé	Wurde Max verhaftet und von den Nazis
Dans un «centre d'accueil» par les Nazis	In ein „Auffanglager" geschafft
Où, le 5 Mars 1944, il mourut tragiquement	Dort starb er am 5. März 1944 einen tragischen Tod
Lorsque son corps fut ramené à Paris	Als seine Leiche nach Paris zurückgebracht wurde
La crainte tint ses amis éloignés ...	Hielt Furcht die Freunde fern ...
Cependant Picasso accablé de douleur	Allein der schmerzgebeugte Picasso
Eut le courage d'assister aux funérailles du poète	Hatte den Mut, dem Begräbnis des Dichters beizuwohnen
La Gestapo a mis un terme à la vie de Max Jacob	Die Gestapo vernichtete das Leben von Max Jakob
Mais nous ne l'oublierons *jamais*	Aber wir werden immer an ihn denken

Alex Gee (9) Estaban Rojas (8) Ricardo Rojas (10) Eugene Albin (8) · 1981

Sabartès

Todd Frazier (11) · 1981

The clown

Sabartès dressed like a clown
Up in the air . . .
Will you ever come down?
At least he has his glasses on
Or . . . he could fall on *you*
Or . . . a monkey in the zoo!

Le clown

Sabartès est habillé comme un clown
Il est tout en l'air . . .
Redescendras-tu un jour?
Au moins il a ses lunettes
Ou bien . . . il pourrait tomber sur *vous*
Ou bien . . . il est un singe au zoo!

Der Clown

Sabartès, gekleidet wie ein Clown
Hoch in der Luft . . .
Wirst Du jemals herunterkommen?
Wenigstens hat er seine Brille auf
Oder . . . er könnte auf *dich* fallen
Oder . . . ein Affe im Zoo!

Jenna Ohlendorf (9) · 1980

Sabartès

Loyal, supportive, true . . .
A lifelong devoted poet friend
To whom Picasso told everything
Secrets and All
An able secretary
Who always did his best . . .
Yet ill treated on many occasions

Sabartès

Soutien loyal et vrai . . .
Ami poète dévoué toute sa vie
A qui Picasso racontait
Ses secrets et Tout
Secrétaire compétent
Qui fit toujours de son mieux . . .
Et pourtant mal traité
Dans de nombreuses occasions

Sabartès

Zuverlässig, hilfreich, treu . . .
Ein lebenslang ergebener Dichterfreund
Picasso erzählte ihm alles
Geheimnisse, kurz Alles
Ein tüchtiger Sekretär
Der immer sein Bestes gab . . .
Und doch oft schlecht behandelt wurde

Picasso and Sabartès

Sabartès' doglike devotion
Was observed by all
As was his humiliation
By his master Picasso
Yet he never betrayed him
But remained faithful to the end

Picasso et Sabartès

Le dévouement de Sabartès
Etait observé par tous
De même que son humiliation
Par son maître Picasso
Cependant il ne le trahit jamais
Mais demeura fidèle jusqu'au bout

Picasso und Sabartès

Sabartès' hündische Ergebenheit
Wurde von vielen beobachtet
Doch auch die Demütigungen
Von seinem Herrn, Picasso
Trotzdem ließ er ihn nie im Stich
Sondern blieb ihm treu bis zuletzt

Sabartès: *David Carnes (8) Paige Buddeke (8) Malynda Fairbanks (9) Regina Jacks (11)* · 1981
Picasso and Sabartès: *Paula Rojas (11) Jenna Ohlendorf (10) Anna Maria Sahakian (10)* · 1981

Days of sour sausages	*Jours de saucisses avariées*	*Tage der sauren Würste*
Pablo and Max were waiting	Pablo et Max attendaient	Pablo und Max warteten
For Sabartès to return	Le retour de Sabartès	Auf Sabartès' Rückkehr
Their mouths were watering	Salivant	Ihr Mund lechzte
For an egg	A l'idée d'un œuf	Nach einem Ei
Up the stairs carefully climbed	Sabartès le myope	Vorsichtig stieg
The myopic Sabartès	Montait prudemment l'escalier	Der kurzsichtige Sabartès die Treppe hinauf
But the last step was fatal	Mais la dernière marche lui fut fatale	Aber der letzte Schritt war verhängnisvoll
Crash!!!	*Patatras!!!*	*Krach!!!*
The egg slowly crawled down his shirt	L'œuf glissa lentement le long de sa chemise	Das Ei floß langsam an seinem Hemd herunter
Oh well, there is still bread and sausage	Oh, il y a encore du pain et des saucisses	Nun ja, es ist noch Brot und Wurst da
They thought hopefully . . .	Pensèrent-ils avec confiance . . .	Dachten sie hoffnungsvoll . . .
But when the fork hit the sausage	Mais lorsque la fourchette piqua la saucisse	Aber als die Gabel in die Wurst stieß
An explosion occurred . . .	Il y eut une explosion . . .	Gab es eine Explosion . . .
Sour sausages they moaned	Ils se lamentèrent: des saucisses avariées	Saure Würste, jammerten sie
Oh well . . .	Eh bien . . .	Nun ja . . .
Let's have some bread!	Prenons un peu de pain!	Essen wir halt Brot!

Jennifer Luk (8) Travis Osborne (9) Erin Cowan (7) Frederika Sargent (10) Lisa Talhouk (11) David Carnes (8) David Ross (10) Regina Jacks (11)
Marlene Shepard (10) · 1981

Bateau-Lavoir — the laundry boat

13 Rue Ravignan
Resembles the laundry barges
That float down the river Seine
This ramshackled building
Made of wood and glass
Hangs tremorously
On the side of the hill of Montmartre
No running water
Wallpaper hangs in tatters
From unplastered walls
This strange dilapidated "laundry boat"
Shelters Picasso and many friends

Bateau-Lavoir

Le 13 de la rue Ravignan
Ressemble aux bateaux-lavoirs
Qui descendent la Seine
Ce bâtiment croulant
Fait de bois et de verre
Est timidement accroché
Au flanc de la colline de Montmartre
Pas d'eau courante
Des lambeaux de papier peint pendent
Des murs décrépits
Ce «bateau-lavoir» étrange et délabré
Abrite Picasso et de nombreux amis

Bateau-Lavoir — das Waschschiff

13 Rue Ravignan
Sieht aus wie die Wäschebarken
Die die Seine hinunter schwimmen
Dieses baufällige Gebäude
Aus Holz und Glas
Hängt unsicher
Am Hang von Montmartre
Kein fließendes Wasser
Tapeten hängen in Fetzen
Von ungetünchten Mauern
Dieses seltsame, verfallene «Waschschiff»
Beherbergt Picasso und viele Freunde

Creative environment?

Fierce disorder
Trash of every kind
Left-over food gathering dust
Bottles rags paints brushes
Canvases piled every which way
Castoff clothes
A montain of ashes growing
In front of a pot bellied stove
All cry out . . .
I too am Picasso!

Environnement créatif?

Furieux désordre
Déchets de toute sorte
Restes de nourriture prenant la poussière
Bouteilles chiffons peintures pinceaux
Toiles empilées un peu partout
Vieilles fripes
Montagne de cendres s'accumulant
Devant un poêle ventru
Tous crient . . .
Moi aussi je suis Picasso!

Creative Umgebung?

Wilde Unordnung
Abfall aller Art
Stehen gelassenes Essen sammelt den Staub
Flaschen, Lumpen, Farben, Pinsel
Leinwandhaufen überall
Weggeworfene Kleider
Ein Berg von Asche türmt sich
Vor einem dickbäuchigen Ofen
Alle rufen aus . . .
Ich bin auch Picasso!

Bateau: *Victor Morris (12) David Carnes (8) Paul Williams (9) Jenna Ohlendorf (10) Marlene Sheperd (10) Clara Pybus Campbell (12)* · 1981
Environment: *Wesley Settle (11) David Ross (11) Malynda Fairbanks (9) Laura Sargent (9) Alex Gee (9)* · 1981

Fernande · 1905 – 1906

Chiquita Willis (12) · 1981

Picasso's first love

Fernande was twenty-one
Pablo was twenty-two
Young and attractive
They met at the water fountain
Her gentle smile caught his magnetic eyes
Suddenly . . . it began to rain
It was just the right moment to
Fall in love

Premier amour de Picasso

Fernande avait vingt et un ans
Picasso en avait vingt-deux
Il était jeune et attirant
Ils se rencontrèrent à la fontaine
Son doux sourire capta son regard magnétique
Soudain . . . il se mit à pleuvoir
C'était le moment idéal pour
Tomber amoureux

Picassos erste Liebe

Fernande war einundzwanzig
Pablo zweiundzwanzig
Jung und attraktiv
Sie trafen sich beim Springbrunnen
Ihr sanftes Lächeln fing seine magnetischen Augen ein
Plötzlich . . . es begann zu regnen
Gerade der rechte Augenblick
Sich zu verlieben

Fernande and Picasso

Pablo was not alone any more
Now he had Fernande to share his poverty
A beauty who brought joy to his life
The warmth of her love
Changed chilly blues to delicate pinks
And his pictures became an overnight success
The days of sour sausages were over!

Fernande et Picasso

Pablo n'était plus seul
Maintenant il avait Fernande pour partager sa pauvreté
Une beauté qui fit entrer la joie dans sa vie
La chaleur de son amour
Transforma les bleus froids en roses délicats
Et ses tableaux devinrent célèbres du jour au lendemain
L'époque des saucisses avariées était révolue!

Fernande und Picasso

Pablo war nicht mehr allein
Er hatte jetzt Fernande, die seine Armut teilte
Eine Schönheit, die Freude in sein Leben brachte
Die Wärme ihrer Liebe
Verwandelte eisiges Blau in zartes Rosa
Und seine Bilder wurden über Nacht ein Erfolg
Die Tage der sauren Würste waren vorbei

Picasso's first love: *Clara Pybus Campbell (12)   Shawn Speers (11)   Chiquita Willis (12)   Allison Frazier (9)   Paula Rojas (11)   Julia Hart (11)* · 1981
Fernande and Picasso: *Lance Borlase (11)   Shaun Smith (8)   Alex Gee (9)   Sepand Moshiri (6)   Areg Sahakian (8)* · 1981

La bande Picasso

Penniless . . . yet rich
In a supportive family of friends
Picasso and his gang
Did not allow poverty to get in the way
Of good times
Young and enthusiastic
Creative and imaginative
They lived on hope, luck and credit

La bande Picasso

Sans un sou . . . et riches cependant
Soutenus par une famille d'amis
Picasso et sa bande
Ne laissaient pas la pauvreté venir gâcher
Leurs bons moments
Jeunes et enthousiastes
Créatifs et pleins d'imagination
Ils vivaient d'espoir, de chance et de crédit

Die Picasso-Runde

Bettelarm . . . doch reich
Inmitten einer Familie von hilfsbereiten Freunden . . .
Erlaubten Picasso und seine Runde
Der Armut nicht, ihrem Vergnügen
Im Wege zu stehen
Jung und begeistert
Schöpferisch und phantasievoll
Lebten sie von Hoffnung, Glück und Kredit

At the Lapin Agile

The Lapin Agile was
A favorite haunt
Of la bande Picasso
The cafe's walls were covered with Pablo's paintings
Which Frede the owner accepted for bills
Evenings were lively and poetic at
This smoke filled cafe
Where Frede played the guitar
And sang the night away

Au Lapin Agile

Le Lapin Agile était
Le repaire favori
De la bande Picasso
Les murs du café étaient couverts de tableaux de Picasso
Que Frédé le patron acceptait en règlements
Les soirées étaient vivantes et poétiques dans
Ce café rempli de fumée
Où Frédé jouait de la guitare
Et chantait toute la nuit

Im Lapin Agile

Der Lapin Agile war
Ein beliebter Treffpunkt
Der Picasso-Runde
Die Wände des Cafés waren mit Pablos Bildern bedeckt
Die Frédé, der Besitzer, an Zahlungs Statt nahm
Die Abende waren lebhaft und poetisch
Im raucherfüllten Café
In dem Frédé Gitarre spielte
Und die Nacht wegsang

La bande Picasso: *Malynda Fairbanks (9)   Allison Frazier (9)   Shannon Hartgrove (11)   Paige Buddeke (8)   Anyika Allen (9)* · 1981
At the Lapin Agile: *Chiquita Willis (11)   Tatjana Terauds (9)   Rachel Schultheis (11)   Malynda Fairbanks (9)   Allyn Guffey (8)* · 1981

From: At the Lapin Agile · 1905

Ricardo Rojas (9) · 1981

Frèdè and Lolo

Bushy haired Frèdè
Had a faithful friend
And everywhere that Frèdè went
His friend was sure to go
Who was his friend??
Lolo . . . his unhousebroken donkey!!

Frédé et Lolo

Frédé aux cheveux touffus
Avait un ami fidèle
Et partout où il allait
Son ami était sûr d'aller
Qui était cet ami??
Lolo . . . son âne mal dressé!!

Frédé und Lolo

Der buschig behaarte Frédé
Er hatte einen Freund
Und überall, wo Frédé ging
Sein Feund war auch dabei
Wer war sein Freund??
Lolo – sein ungezogener Esel!!

Lolo's masterpiece

A group of young artists
Thought they'd have some fun
By introducing Lolo into the World of Art
They dipped her tail in paint
And inspiration filled the canvas
Critics praised its distinctive "Impressionistic style"
Who would believe that
Lolo's twitching tail could create
A *masterpiece!!*

Le chef d'œuvre de Lolo

Un groupe de jeunes artistes
Pensèrent s'amuser un peu
En introduisant Lolo dans le Monde de l'Art
Ils plongèrent sa queue dans de la peinture
Et l'inspiration emplit la toile
Les critiques louèrent son
«Style Impressionniste» particulier
Qui aurait cru que
Les mouvements de la queue de Lolo
Pouvaient créer un *chef d'œuvre!!*

Lolos Meisterwerk

Eine Gruppe junger Künstler
Wollte sich einen Spaß machen
Und führte Lolo in die Welt der Kunst ein
Sie tauchten seinen Schwanz in Farbe
Und Inspiration bedeckte die Leinwand
Kritiker lobten den besonderen »Impressionistischen Stil«
Wer hätte gedacht, daß
Lolos herumfuchtelnder Schwanz
Ein *Meisterwerk* schaffen könnte!!

Frede and Lolo: *Eugene Albin (8) Travis Osborne (9) Allyn Guffey (8) Paige Buddeke (8) Paul Williams (9) Kristin Yeriazarian (7)* · 1981
Lolo's masterpiece: *James Pate (10) Rachel Schultheis (11) Matt Bethel (7) Paige Buddeke (8) Allyn Guffey (8) Kristin Yeriazarian (7) Travis Osborne (9) Paul Williams (9) Eugene Albin (8)* · 1981

Woman With a Crow · Paris, 1904

Sylvia Cano (10) · 1981

Frédé's daughter Margot

At the Lapin Agile
Margot and her Crow
Sitting side by side
Share secret thoughts
That's what friends are for

Margot, la fille de Frédé

Au Lapin Agile
Margot et son Corbeau
Assis côté à côté
Partagent des pensées secrètes
C'est à cela que servent les amis

Frédés Tochter Margot

Im Lapin Agile
Sitzen Margot und ihre Krähe
Seite an Seite
Sie tauschen heimliche Gedanken aus
Dazu sind Freunde da

Chiquita Willis (11) Shannon Hartgrove (11) Amy Woodruff (10) · 1981

48

Three Dutch Girls · Schoorl, Holland, Summer 1905

Ricardo Rojas (9) · 1981

Wait till they get home!

Three women gossiping . . .
Making plans . . .
Wait till they get home! they say
Three husbands will soon be surprised
For they are in trouble now

Attendons qu'ils rentrent!

Trois femmes papotant . . .
Faisant des plans . . .
Attendons qu'ils rentrent! disent-elles
Trois maris seront bientôt surpris
Car ils sont dans l'embarras maintenant

Wart' nur bis sie nach Hause kommen!

Drei Frauen tratschen miteinander . . .
Schmieden Pläne . . .
Wart' nur bis sie nach Hause kommen! sagen sie
Drei Ehemänner werden bald überrascht sein
Denn jetzt sitzen sie in der Patsche

Paula Rojas (10) Regina Jacks (10) · 1980

Two Nudes · Late 1906

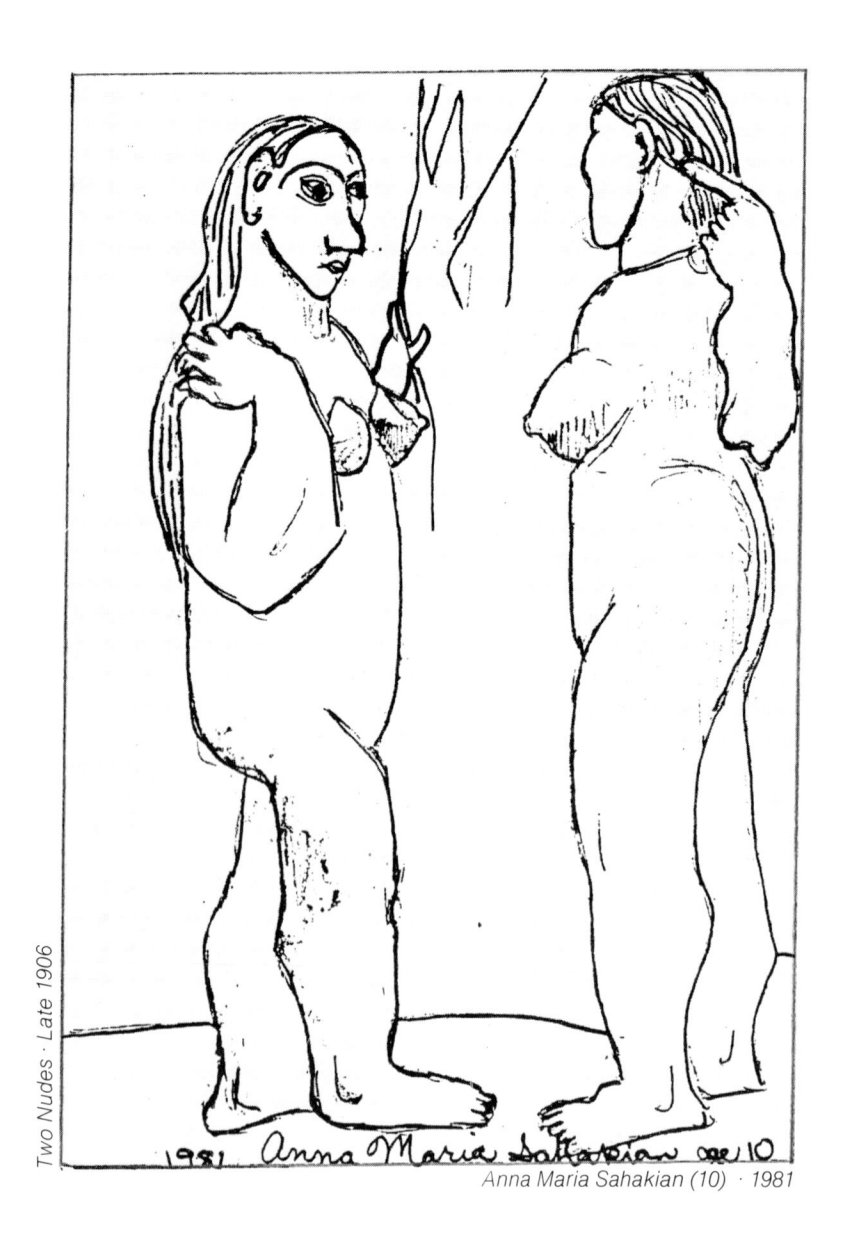

Anna Maria Sahakian (10) · 1981

Idle and empty

Two women staring
Not a thought in their heads
Conversation . . . so boring
Beauty comes from within
These women are ugly
Because they are *so vain*

Vides et desœuvrées

Deux femmes au regard fixe
Pas une pensée dans leurs têtes
Leur conversation . . . si ennuyeuse
La beauté vient de l'intérieur
Ces femmes sont laides
Car elles sont *si vaines*

Träge und leer

Zwei Frauen starren ins Leere
Keinerlei Gedanken im Kopf
Ein Gespräch . . . so langweilig
Schönheit kommt von innen
Diese Frauen sind häßlich
Weil sie *so leer* sind

Clara Pybus Campbell (11) · 1980

Two Nudes · 1906

Shawn Speers (12) · 1981

Fernande

Vacuous . . .
Furs, hats and perfumes
Always the same . . .
No new ideas to share
No wonder Picasso became disenchanted
She was so empty minded!!

Fernande

Vide de pensée . . .
Fourrures, chapeaux et parfums
Toujours la même chose . . .
Aucune nouvelle idée à partager
Rien d'étonnant à ce que Picasso se soit lassé
Elle avait l'esprit si vide!!

Fernande

Ausdruckslos . . .
Pelze, Hüte, Parfums
Immer dasselbe . . .
Keine neuen Ideen, sie zu teilen
Kein Wunder, daß Picasso enttäuscht war
Sie war so geistlos!!

Paula Rojas (10) Allison Payne (10) · 1980

Portrait of Gertrude Stein · Paris, 1905–1906

Victor Morris (11) · 1981

Picasso and Gertrude

Gertrude's appearence fascinated Picasso
He immediately asked her to pose for him
They were kindred spirits . . .
Both had the confidence and
Will power of a Napoleon

Picasso et Gertrude

Gertrude fascina Picasso dès qu'elle apparut
Il lui demanda immédiatement de poser pour lui
Ils avaient beaucoup d'affinités . . .
Ils avaient tous deux l'assurance et
La volonté d'un Napoléon

Picasso und Gertrude

Gertrudes Erscheinung faszinierte Picasso
Spontan bat er sie, sich porträtieren zu lassen
Sie waren verwandte Seelen . . .
Beide hatten die Zuversicht und
Willenskraft eines Napoleon

Gertrude's portrait

Gertrude sat for her portrait
Until picasso could not bear
To look at her any more!
He erased her face, went on vacation
And thought about what he should do
Enchanted with Iberian Art . . .
Gertrude's face became
A flat Iberian mask
Her friends said
That doesn't look anything like you!
Gertrude replied
For me, it is I
Picasso predicted
She will grow into it
And she did!!

Le portrait de Gertrude

Gertrude posa pour son portrait
Jusqu'à ce que Picasso ne puisse plus supporter
De la regarder!
Il effaça sa tête, partit en vacances
Et pensa à ce qu'il devrait faire
Il fut ensorcelé par l'Art Ibérique . . .
Et le visage de Gertrude devint un masque Ibérique aplati
Ses amis lui dirent
Cela ne te ressemble absolument pas!
Gertrude répondit
Pour moi, c'est moi
Picasso prédit
Ce portrait la grandira
Et c'est ce qui arriva!!

Gertrudes Porträt

Gertrude saß für ihr Porträt
Bis Picasso ihren Anblick
Nicht länger ertragen konnte
Er wischte ihr Gesicht weg, fuhr auf Urlaub
Und dachte darüber nach, was er tun sollte
Er war hingerissen von der iberischen Kunst . . .
Gertrudes Gesicht wurde
Eine flache iberische Maske
Ihre Freunde sagten
Das hat doch keine Ähnlichkeit mit Dir!
Gertrude erwiderte
Für mich bin ich es!
Picasso prophezeite
Sie würde hineinwachsen
Und das tat sie auch!!

Picasso and Gertrude: *Regina Jacks (11)   Jenna Ohlendorf (10)   Eugene Albin (8)   Kristin Yeriazarian (8)   Paige Buddeke (8) · 1981*
Gertrude's portrait: *Allison Frazier (9)   Paula Rojas (10)   Julia Hart (10)   Paige Buddeke (8)   Kristin Yeriazarian (7) · 1981*

Gertrude's Rose

Have you ever seen a rose?
Have you ever smelled it with your nose?
A rose is a rose is a rose is a rose

La rose de Gertrude

Avez-vous jamais vu une rose?
L'Avez-vous jamais respirée avec votre nez?
La rose est une rose est une rose est une rose

Gertrudes Rose

Hast du je eine Rose gesehen?
Hast du je mit deiner Nase an ihr gerochen?
Eine Rose ist eine Rose ist eine Rose ist eine Rose

Gertrude the cubist writer

I'm doing in writing
What Picasso is doing in painting she said
However . . . Pablo did not like
Gertrude's word portrait of him
And said he just didn't like abstractions!

Gertrude peintre cubiste

Je fais en écrivant
Ce que Picasso fait en peignant dit elle
Cependant . . . Pablo n'aimait pas
Le portrait que Gertrude fit de lui avec des mots
Il disait ne pas aimer les abstractions!

Gertrude, die Kubistin

Ich mache im Schreiben
Was Picasso im Malen macht, sagte sie
Jedoch . . . Pablo mochte Gertrudes
Wortporträt von ihm nicht und sagte
Er könne nun einmal Abstraktes nicht leiden

Gertrude's punctuation

Commas are a nuisance!
Exclaimed Gertrude Stein
They are unnecessary . . .
We should pause
And take a breath
Only when we want to!

La ponctuation de Gertrude

Les virgules sont une gêne!
S'exclamait Gertrude Stein
Elles sont si peu nécessaires . . .
Nous devrions nous arrêter
Et reprendre notre respiration
Seulement quand nous le voulons!

Gertrudes Satzzeichen

Beistriche sind eine Plage!
Rief Gertrude Stein aus
Sie sind unnötig . . .
Wir sollten nur pausieren
Und Atem schöpfen
Wenn wir es nötig haben

Gertrude's rose: *Tatjana Terauds (9)* · *1981*
Gertrude's punctuation: *Tatjana Terauds (9)* · *Shannon Hartgrove (11)* · *Sylvia Cano (11)* · *Anyika Allen (9)* · *1981*
The cubist writer: *Julia Hart (11)* · *Paula Rojas (11)* · *Rachel Borlase (11)* · *Shannon Hartgrove (11)* · *Anyika Allen (9)* · *David Carnes (8)* · *1981*

Portrait of Clovis Sagot · Paris, Spring 1909

Macy Tatum (9) · 1981

Clovis Sagot

Pablo's paintings decorated the walls of
Sagot's trash and treasure shop
This retired clown was witty and sharp as could be
His Gallery-Junkshop was
A circus away from the circus!

Clovis Sagot

Les tableaux de Picasso décoraient les murs de
La boutique de Sagot
Pleine de camelote et de trésors
Ce clown retraité
Etait aussi spirituel et malin qu'il est possible d'être
Sa Galerie-Boutique était
Un cirque loin du cirque!

Clovis Sagot

Pablos Bilder schmückten die Wände in
Sagots Schatz- und Trödlerladen
Dieser ehemalige Clown
War ebenso geistreich wie witzig
Sein Galerie-Kramladen war
Ein Zirkus ohne Zirkuszelt!

Hesham Ba-eshan (10)   Rachel Schultheis (11)   Allison Frazier (9)   Kristin Yeriazarian (8)   Clara Pybus Campbell (12)   Chiquita Willis (12) · 1981

Leo Stein · ca. 1905–1906

Amy Woodruff (10) · 1981

Les collectionneurs

Toujours à l'affût de l'art
Leo Stein hantait les galeries jour et nuit
Il aimait les œuvres anciennes et en cherchait de nouvelles
Au cours d'une visite passionnante à
La boutique de tableaux de Sagot
Il découvrit le style unique de Picasso . . .
La Jeune Fille à la Corbeille
Fit grande impression sur lui
Mais sa sœur Gertrude ne voulait pas voir
Ces jambes et pieds nus repoussants dans la maison!
Vous n'avez qu'à la guillotiner et ne garder que la tête
Suggéra gaiement Sagot
Mais heureusement Gertrude et Leo furent enfin d'accord . . .
Ce tableau devint bientôt
Le point central de leur collection

The collectors

Always on the look-out for art
Leo Stein haunted the galleries day and night
He enjoyed the old and searched for the new
On one exciting visit to
Sagot's picture shop
He discovered the unique style of Picasso . . .
The Girl With the Basket of Flowers
Deeply impressed him
But his sister Gertrude did not want
Those repulsive bare legs and feet in the house!
You could guillotine her and only take the head
Sagot cheerfully suggested
But thank goodness Gertrude and Leo finally agreed . . .
This painting soon became
The focal point of their collection

Die Sammler

Immer auf der Suche nach Kunst
Durchstöberte Leo Stein Tag und Nacht die Galerien
Er genoß das Alte und suchte nach Neuem
Bei einem aufregenden Besuch
In Sagots Bilderladen
Entdeckte er Picassos einzigartigen Stil . . .
Das Mädchen mit dem Blumenkorb
Beeindruckte ihn tief
Aber seine Schwester Gertrude wollte nicht
Diese abstoßend nackten Beine und Füße im Haus!
Sie könnten sie guillotinieren und nur den Kopf nehmen
Scherzte Sagot
Aber zum Glück einigten sich Gertrude und Leo . . .
Dieses Gemälde wurde bald
Das Kernstück ihrer Sammlung

David Ross (10) Alex Gee (9) Lisa Levin (11) James Pate (10) Malynda Fairbanks (9) Jenna Ohlendorf (10) Paige Buddeke (8) · 1981

Portrait of Leo Stein · Paris, Spring 1906

Amy Woodruff (10) · 1981

A life wasted

Leo Stein, collector and connoisseur of Art
Was a brilliant man
Interested in his own mind and life
More than anything else
He wasted his life away
On a journey . . . searching for himself

Une vie gachée

Leo Stein, collectionneur et connaisseur d'Art
Etait un homme brillant
Intéressé par son propre esprit et sa propre vie
Plus que par toute autre chose
Il gâcha sa vie
Au cours d'un voyage . . . à la recherche de lui-même

Ein vertanes Leben

Leo Stein, Kunstsammler und -kenner,
War ein außergewöhnlicher Mann
Mehr an seinem eigenen Geist und Leben
Als an sonst etwas interessiert
Er vertat sein Leben
Auf einer Reise . . . auf der Suche nach sich selbst

Chiquita Willis (11) Paul Williams (9) Tatjana Terauds (9) · 1981

Guillaume Apollinaire · Paris, 1905

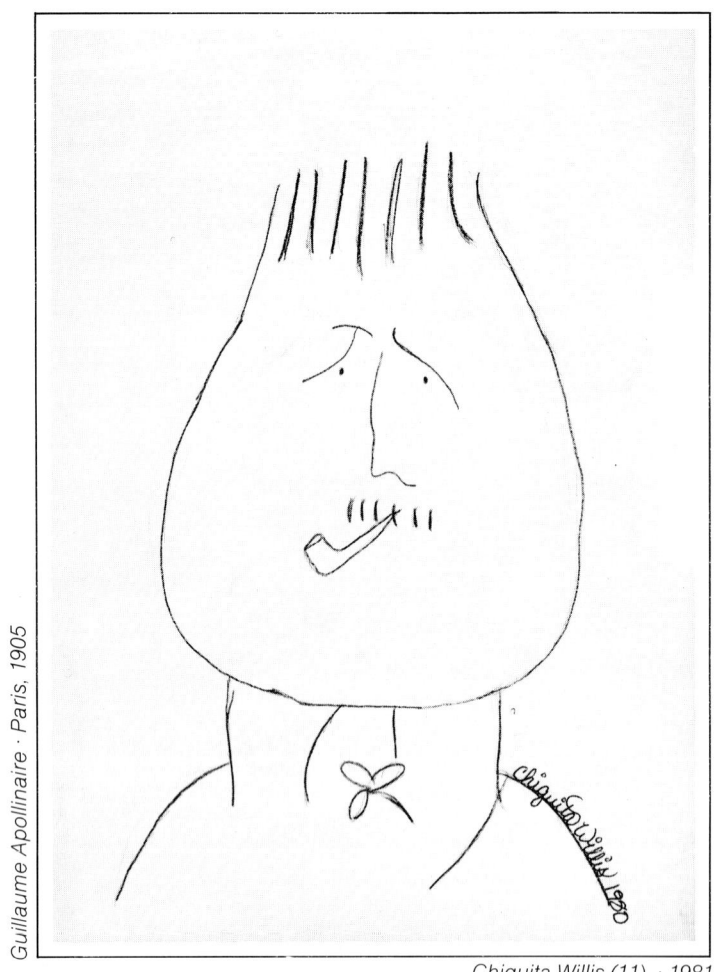

Chiquita Willis (11) · 1981

Apollinaire the philosopher

Apollinaire the philosopher and friend of mankind
Enchanted everyone with the joyful thought
That life is an *adventure!*
Sing! Dance! Look! Love! Weep! Die . . .
Live life to the fullest!

Apollinaire le philosophe

Apollinaire, philosophe et ami de l'humanité
Enchantait tout le monde par sa joyeuse pensée
Que la vie est une *aventure!*
Chantez! Dansez! Regardez! Aimez! Pleurez! Mourez . . .
Vivez pleinement votre vie!

Apollinaire der Philosoph

Apollinaire, der Philosoph und Menschenfreund
Bezauberte jedermann mit dem freudigen Gedanken
Daß Leben ein *Abenteuer* sei!
Singe! Tanze! Schaue! Liebe! Weine! Stirb . . .
Genieße das Leben in vollen Zügen!

Paige Buddeke (8) Malynda Fairbanks (9) Anyika Allen (9) · 1981

Portrait of Guillaume Apollinaire · Paris, 1905

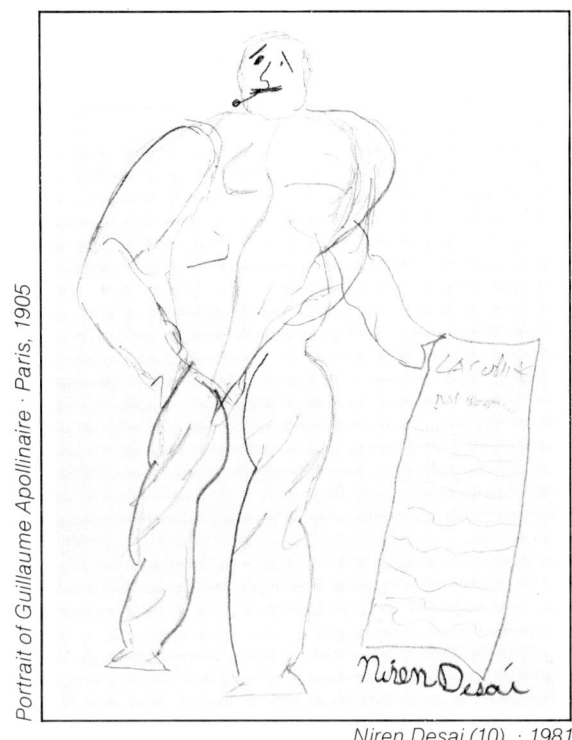

Niren Desai (10) · 1981

Apollinaire's book of physical fitness

The first paying job in Paris
For versatile Apollinaire
Was a book of physical fitness
His new friend Pablo Picasso drew the illustrations . . .
Study this book carefully my friends
And you will be strong healthy and physically fit
Follow my instructions
Of exercise rest and good nutrition
Then . . .
Bullies will stand aside for you
And women will fall at your feet!

Le livre d'Apollinaire sur la condition physique

Le premier job payant
D'Apollinaire le versatile à Paris
Fut un livre sur la forme physique
Son nouvel ami Pablo Picasso
En dessina les illustrations . . .
Etudiez soigneusement ce livre mes amis
Et vous serez forts, pleins de santé
Et en bonne condition physique
Suivez mes conseils d'exercice
De repos et de bonne alimentation
Et alors . . .
Les brutes se tiendront à l'écart de vous
Et les femmes tomberont à vos pieds!

Apollinaires Buch über körperliche Fitness

Für den wendigen Apollinaire
War die erste bezahlte Arbeit in Paris
Ein Buch über körperliche Fitness
Sein neuer Freund Pablo Picasso illustrierte es . . .
Studiert dieses Buch aufmerksam, meine Freunde
Und ihr werdet stark, gesund und körperlich fit sein
Befolgt meine Lehren über Bewegung
Ruhe und gute Ernährung
Dann . . .
Raufbolde werden euch Platz machen
Und Frauen euch zu Füßen liegen!

David Ross (10) Niren Desai (10) Ricardo Rojas (9) · 1981

Henri Rousseau: The Muse Inspiring the Poet · 1909

Kristin Yeriazarian (8) · Shawn Speers (12) · 1981

The muse and the poet

Picasso found the perfect love for Apollinaire
Her name was Marie Laurencin
She became his Muse . . .
And instantly inspired some of his finest poetry

La muse et le poète

Picasso trouva le parfait amour pour Apollinaire
Son nom était Marie Laurencin
Elle devint sa Muse . . .
Et inspira aussitôt
Certains de ses plus beaux poèmes

Die Muse und der Poet

Picasso fand die ideale Liebe für Apollinaire
Ihr Name war Marie Laurencin
Sie wurde seine Muse . . .
Und im Nu inspirierte sie
Einige seiner schönsten Gedichte

Regina Jacks (11) Tatjana Terauds (9) · 1981

Allison Frazier (9) · 1981
Marie Laurencin: Young Woman With a Hat · 1912

Marie Laurencin

Clovis Sagot's gallery is where they met
Marie was carefully examining a painting
Inch by inch through her lorgnette
Guillaume was enchanted
By this slender unusual woman

Marie Laurencin

Ils se rencontrèrent à la galerie de Clovis Sagot
Marie examinait attentivement un tableau
A travers sa lorgnette
Guillaume fut ensorcelé
Par cette femme élancée et peu commune

Marie Laurencin

Sie waren sich in Clovis Sagots Galerie begegnet
Marie studierte eingehend ein Gemälde
Zentimeter für Zentimeter durch ihr Lorgnon
Guillaume war bezaubert
Von dieser schlanken, ungewöhnlichen Frau

The maddening love affair

On the question of marriage . . .
Marie and Guillaume had mothers
Who took turns separating them
The lovers were devoted to their mothers
In the end it was
Separation and disappointment

Histoire d'amour a rendre fou

Sur la question du mariage . . .
Marie et Guillaume avaient des mères
Qui à tour de rôle les séparaient
Les amoureux étaient attachés à leurs mères
Cela se termina en
Séparation et déception

Eine Liebesgeschichte zum Verrücktwerden

Was die Heiratsfrage betraf . . .
Marie und Guillaume hatten Mütter
Die abwechselnd bemüht waren, sie zu trennen
Die Verliebten hingen an ihren Müttern
Das Ende war
Trennung und Enttäuschung

The maddening love affair: *Jenna Ohlendorf (10) Allison Frazier (9) Anyika Allen (10) Paige Buddeke (8) · 1981*
Marie Laurencin: *Matt Bethel (7) Milan Desai (8) Jenna Ohlendorf (10) Bradley Porter (6) Estaban Rojas (8) Paige Buddeke (8)*
Anyika Allen (10) · 1981

Marie Laurencin: Group of Artists · 1908

Victor Morris (11) · 1981

Best friends	*Meilleurs amis*	*Beste Freunde*
Two couples . . .	Deux couples . . .	Zwei Paare . . .
Picasso and Fernande	Picasso et Fernande	Picasso und Fernande
Apollinaire and Marie Laurencin	Apollinaire et Marie Laurencin	Apollinaire und Marie Laurencin
The very closest of friends	Les amis les plus proches du monde	Die engsten Freunde
Both loving . . .	Amoureux l'un et l'autre . . .	Beide verliebt . . .
Happy to be there . . .	Heureux d'être ensemble . . .	Glücklich, beisammen zu sein . . .
And the dog is too!	Et le chien l'est aussi!	Und der Hund ist es auch!

Tatjana Terauds (9) Clara Pybus Campbell (12) Regina Jacks (11) · 1981

Guillaume Apollinaire · 1916

Amy Woodruff (10) · 1981

The magnetic Apollinaire

An irresistible enthusiastic man
Who held his friends together
Like mortar holds the bricks
An encourager and giver of confidence
To the struggling artists of Paris
When he died this magnetic force of friendship
Changed to particles in the air

Apollinaire le magnétique

Homme enthousiaste et írrésistible
Qui tenait ses amis aussi fermement
Que le mortier lie les briques entre elles
Il donnait courage et confiance
Aux artistes en difficulté à Paris
Quand il mourut cette force magnétique de l'amitié
Se changea en particules dans l'air

Der Magnet Apollinaire

Ein begeisterter, unwiderstehlicher Mann
Der seine Freunde zusammenhielt
Wie Mörtel die Ziegel
Ein Ermutiger und Zuversicht Schenkender
Für die sich mühenden Pariser Künstler
Als er starb, löste sich
Diese magnetische Kraft der Freundschaft in Luft auf

Amy Woodruff (10) Chiquita Willis (11) Clara Pybus Campbell (11) · 1981

Modigliani: Picasso · 1915

Alex Zhukoborsky (12) · 1981

The false friend

Gentleness and generosity
Got Apollinaire into trouble
With stolen statues
Guillaume asked Pablo
To help him clear his name
But Picasso did not come to his aid
He even denied knowing him!
Years later . . .
The wounded dying Apollinaire
Wrote his hurt feelings out
In a story describing a false friend

Le faux ami

La gentillesse et la générosité
D'Apollinaire lui attirèrent des ennuis
Au sujet de statues volées
Guillaume demanda à Pablo
De l'aider à se disculper
Mais Picasso ne vint pas à son aide
Il nia même le connaître!
Des années plus tard . . .
Apollinaire blessé et mourant
Ecrivit ses sentiments blessés
Dans une histoire décrivant un faux ami

Der falsche Freund

Güte und Großmut
Brachten Apollinaire in Schwierigkeiten
Mit gestohlenen Statuen
Guillaume bat Pablo, seine Ehre zu retten
Aber Pablo verweigerte jede Hilfe
Er leugnete sogar, ihn zu kennen!
Jahre später . . .
Schrieb der zu Tode verwundete Apollinaire
Seine verletzten Gefühle nieder
In einer Geschichte von einem falschen Freund

Alex Zhukoborsky (12) · 1981

Guillaume Apollinaire as Artilleryman · 1914

Todd Frazier (11) · 1981

Apollinaire

Apollinaire was a great man
He loved everyone
And was loved by everyone

Apollinaire

Apollinaire était un grand homme
Il aimait tout le monde
Et était aimé de tous

Apollinaire

Apollinaire war ein großer Mann
Er liebte jeden
Und wurde von jedem geliebt

David Carnes (8) · 1981

Portrait of Guillaume Apollinaire · Paris 1916

Amy Woodruff (10) · 1981

Guillaume Apollinaire

Reading newspapers in a trench
Can be dangerous business!
Flying shrapnel may hit you in the head
As it did our poet and hero
War took the life of a genius
But his spirit lives on

Guillaume Apollinaire

Lire les journaux dans une tranchée
Peut être dangereux!
Un obus peut vous toucher à la tête
C'est ce qui arriva à notre poète et héros
La guerre a pris la vie d'un génie
Mais son esprit vit toujours

Guillaume Apollinaire

Zeitung lesen in einem Schützengraben
Kann eine gefährliche Sache sein!
Ein fliegendes Schrapnell kann den Kopf treffen
Wie es unserem Poeten und Helden erging
Der Krieg forderte das Leben eines Genies
Aber sein Geist lebt fort

Paula Rojas (10) Amy Woodruff (10) Regina Jacks (11) Anne Gunnerson (12) Anna Maria Sahakian (10) Rachel Schultheis (11) · 1981

Henri Rousseau: The Sleeping Gypsy · 1891

Macy Tatum (9) · 1981

Moonlight, mystery and danger

Stillness fills the desert air
A hungry lion sniffs
A sleeping gypsy
Will he eat her?
Or will he leave her?
The tail tells the tale

Clair de lune, mystère et danger

L'air du désert est rempli de silence
Un lion affamé renifle
Une bohémienne endormie
Va-t-il la manger?
Ou bien va-t-il la laisser?
Sa queue raconte l'histoire

Mondschein, Geheimnis und Gefahr

Stille erfüllt die Wüstenluft
Ein hungriger Löwe beschnuppert
Eine schlafende Zigeunerin
Wird er sie fressen?
Oder von ihr lassen?
Der Schwanz erzählt die Geschichte

Picasso and Rousseau

Gentle Rousseau had a magic brush
With which he blended make-believe and reality
Imagination was the key to his perfection
Animals sprang from his child's coloring book
And roamed in his jungle scenes
His paintings are fantasies
Yet . . . you wonder if they are real
You *want* them to be real
Rousseau is not an accident
Picasso said . . .
He is *Perfection*

Picasso et Rousseau

Le gentil Rousseau avait un pinceau magique
Avec lequel il mélangeait chimère et réalité
L'imagination était la clé de sa perfection
Des animaux jaillissaient de son
Album de couleurs d'enfant
Et rôdaient dans ses scènes de jungle
Ses tableaux sont des fantaisies
Pourtant . . . on se demande s'ils ne sont pas réels
On *voudrait* qu'ils soient réels
Rousseau n'est pas un accident
Disait Picasso . . .
Il est la *Perfection*

Picasso und Rousseau

Der sanfte Rousseau hatte einen Zauberpinsel
Mit dem er Schein und Wirklichkeit vermengte
Imagination war der Schlüssel zu seiner Vollkommenheit
Tiere sprangen aus seinem farbigen Kinderbuch
Und durchstreiften seine Dschungelszenen
Seine Malereien sind Phantasien
Jedoch . . . man meint, sie seien wahr
Man *will* sie wahr haben
Rousseau ist kein Zufall
Sagte Picasso . . .
Er ist *Vollkommenheit*

Picasso and Rousseau: *Niren Desai (10) Todd Frazier (11) John Dora (11) Lance Borlase (11)* · 1981
Moonlight, mystery and danger: *Julie Laub (8)* · 1978

Henri Rousseau: Portrait of a Woman, bought by Picasso in 1908

Malynda Fairbanks (9) · 1981

Rousseau's portrait of the woman in black

In a Paris junkshop
Canvasers stand against a wall
A mysterious woman
Dressed in black watches
As Pablo walks by
She wonders . . . will he notice me?
Yes!!
He feels her magnetic eyes
Drawing him toward her
Pablo turns . . . she catches his eye . . .
And it's *Love* at first sight!
How much for this canvas Picasso asked
Five francs said the dealer . . .
You can paint over it
Sold!!
Picasso's love for this woman was constant
She remained his favorite for life

Portrait de la femme en noir par Rousseau

Dans une boutique de Paris
Des toiles sont alignées contre un mur
Une femme mystérieuse
Habillée en noir regarde
Pablo passer devant elle
Elle se demande . . . va-t-il me remarquer?
Qui!!
Il se sent attiré
Par son regard magnétique
Pablo se retourne . . . leurs yeux se rencontrent . . .
Et c'est l'*Amour* dès le premier regard!
Combien pour cette toile demanda Picasso
Cinq francs dit le marchand . . .
Vous pouvez même peindre dessus
Vendue!!
L'amour de Picasso pour cette femme fut constant
Elle demeura sa préférée toute sa vie

Rousseaus Porträt einer Frau in Schwarz

In einem Pariser Trödlerladen
Lehnen Gemälde an der Wand
Eine geheimnisvolle Frau
In Schwarz gekleidet, beobachtet
Wie Pablo vorübergeht
Sie überlegt . . . wird er mich bemerken?
Ja!!
Er fühlt, wie ihre magnetischen Augen
Ihn zu ihr hinziehen
Pablo dreht sich um . . . sie fängt seinen Blick auf . . .
Und es ist *Liebe* auf den ersten Blick!
Was kostet das Bild? fragt Picasso
Fünf Francs, sagt der Händler . . .
Sie können drübermalen
Gekauft!!
Picassos Liebe zu dieser Frau hörte nie auf
Sie blieb seine große Liebe ein Leben lang

Lisa Levin (11) Malynda Fairbanks (9) Sylvia Cano (11) Hesham Ba-eshan (10) Anyika Allen (9) Tatjana Terauds (9) Paige Buddeke (8) · 1981

The party that became a legend

Pablo decided to hold a banquet
In honor of Le Douanier Rousseau
And "The Woman in Black"
Among the guests were André Salmon
Apollinaire and Marie Laurencin
Gertrude and Leo Stein, Alice B. Toklas
Braque, Ramon Pichot and his wife Germaine
Everyone had been instructed
To write poems and songs for the occasion
At the head table stood
"The Woman in Black"
Surrounded by flowers, flags and statues
Timid Rousseau played his violin
And told tales of his adventures in Mexico
Marie Laurencin sang old Norman songs . . .
A tipsy step landed her
In the jam tarts resting on the sofa!
Tall and thin Pichot danced
An awe-inspiring religious Spanish dance
Which ended with him as
A crucified Christ upon the floor!
Amid the songs and many toasts
André Salmon drank a long drink . . .
To the dregs . . . which made him very drunk
He began to fight!
Braque rushed to catch the tottering statues
Leo hurried to protect the frightened Rousseau
Others quickly transferred André
From the Banquet room to Max's room
Where the coats and hats were kept
Picasso slammed the door and locked him in!
As Fate would have it
Starving André ate the flowers off Alice's hat . . .
Something she could *never* forget
For it was her first Paris chapeau
Later . . . Frédé wandered in with Lolo . . . of course!
The party ended at three o'clock in the morning . . .
Join us in Apollinaire's final toast
Vive Vive Rousseau!!

Paula Rojas (11) Malynda Fairbanks (9) Alex Gee (9) Amy Woodruff (10) Allison Frazier (9) · 1981

Le banquet qui entra dans la légende

Pablo décida de donner un banquet
En l'honneur du Douanier Rousseau
Et de «La Femme en Noir»
Parmi les invités, il y avait André Salmon,
Apollinaire et Marie Laurencin
Gertrude et Leo Stein, Alice B. Toklas
Braque, Ramon Pichot et sa femme Germaine
On avait demandé à chacun
D'écrire des poèmes et des chansons pour l'occasion
«La Femme en Noir»
Trônait à la table principale
Entourée de fleurs, drapeaux et statues
Le timide Rousseau joua du violon
Et raconta ses aventures à Mexico
Marie Laurencin chanta des vieilles chansons normandes . . .
Un pas titubant la fit atterrir
Dans les tartes à la confiture posées sur le sofa!
Le grand et mince Pichot dansa
Une danse religieuse espagnole impressionnante
Qu'il termina allongé par terre
Comme un Christ crucifié!
Au milieu des chansons et des nombreux toasts
André Salmon vida un grand verre . . .
Jusqu'au bout . . . qui le rendit tout à fait ivre
Il commença à se battre!
Braque s'élança pour rattraper les statues chancelantes
Leo se précipita pour protéger Rousseau effrayé
D'autres transportèrent rapidement André
De la salle du banquet à la chambre de Max
Où étaient posés les manteaux et les chapeaux
Picasso claqua la porte et l'enferma à clé!
Le Sort voulut qu'
André affamé mangeât les fleurs du chapeau d'Alice . . .
Ce fut une chose qu'elle ne put *jamais* oublier
Car c'était son premier chapeau parisien
Plus tard . . . Frédé arriva avec Lolo . . . bien sûr!
La soirée se termina à trois heures du matin . . .
Joignez-vous à nous pour le toast final d'Apollinaire
Vive vive Rousseau!!

Ein Fest, das zur Legende wurde

Pablo beschloß, zu Ehren des Zöllners Rousseau
Und der »Frau in Schwarz«
Ein Bankett zu geben
Unter den Gästen waren André Salmon
Apollinaire und Marie Laurencin
Gertrude und Leo Stein, Alice B. Toklas
Braque, Ramon Pichot mit seiner Frau Germaine
Alle waren angewiesen worden
Zu diesem Anlaß Gedichte und Lieder zu schreiben
Zuoberst an der Tafel stand
»Die Frau in Schwarz«
Umgeben von Blumen, Fahnen und Statuen
Der schüchterne Rousseau spielte Violine
Und erzählte von seinen Abenteuern in Mexiko
Marie Laurencin sang alte normannische Weisen . . .
Und landete mit einem beschwipsten Schritt
Auf den Geleetörtchen, die auf dem Sofa lagen!
Der lange dünne Pichot tanzte
Einen beeindruckenden religiösen spanischen Tanz
Der mit ihm als
Einem gekreuzigten Christus auf dem Boden endete!
Zwischen Liedern und vielen Trinksprüchen
Leerte André Salmon sein volles Glas
In einem Zug . . . er wurde sehr betrunken
Er begann zu raufen!
Braque lief, die schwankenden Statuen aufzufangen
Leo eilte dem erschrockenen Rousseau zu Hilfe
Andere brachten André schnell
Aus dem Bankettraum in Maxens Zimmer
Wo die Mäntel und Hüte aufbewahrt wurden
Picasso schlug die Türe zu und sperrte ihn ein!
Wie es das Schicksal wollte
Aß der hungrige André die Blumen von Alicens Hut auf . . .
Das konnte sie ihm *niemals* verzeihen
Denn es war ihr erster Pariser »Chapeau«
Später . . . erschien Frédé . . . natürlich mit Lolo!
Das Fest endete um drei Uhr morgens . . .
Laßt uns in Apollinaires letzten Trinkspruch einstimmen
Hoch, hoch lebe Rousseau!!

Rachel Schultheis (11) David Ross (10) Clara Pybus Campbell (12) Anyika Allen (9) Jenna Ohlendorf (10) Tatjana Terauds (9) · 1981

Cézanne: Mount St. Victoire

Kristin Yeriazarian (7) · 1980

Cézanne

Cézanne is color
Over and over
He is lights brightening
Your eyes with
Music and happiness

Cézanne

Cézanne est couleur
Mille et mille fois
Il est lumières faisant briller
Vos yeux de
Musique et de bonheur

Cézanne

Cézanne ist Farbe
Durch und durch
Er ist Licht, das
Deine Augen mit
Musik und Glück erhellt

Learning is loving life

Thinking is learning
Learning is loving life
It is so much fun
To learn new things
Cézanne taught me
To use my eyes
Cézanne would like that!

Apprendre c'est aimer la vie

Penser c'est apprendre
Apprendre c'est aimer la vie
C'est si amusant
D'apprendre des choses nouvelles
Cézanne m'a appris
A me servir de mes yeux
Cézanne aimerait cela!

Lernen heißt das Leben lieben

Denken heißt lernen
Lernen heißt das Leben lieben
Es macht so viel Freude
Neues zu lernen
Cézanne lehrte mich
Meine Augen zu gebrauchen
Das würde Cézanne gefallen!

Cézanne: *Paige Martin (9) · 1978*   Learning: *Allison Frazier (7) · 1978*

Cézanne: The Bathers

Lisa Levin (11) · 1981

Cézanne and Picasso

Standing on the shoulders of Cézanne
Picasso sought the truth of things
He tried to follow Cézanne's way
But his own ideas led him far astray

Cézanne et Picasso

Debout sur les épaules de Cézanne
Picasso recherchait la vérité des choses
Il essaya de suivre le chemin de Cézanne
Mais ses propres idées l'entraînèrent bien loin

Cézanne und Picasso

Auf den Schultern Cézannes stehend
Suchte Picasso nach der Wahrheit der Dinge
Er wollte Cézannes Weg folgen
Doch seine eigenen Ideen führten ihn weit weg

Chiquita Willis (11)   Clara Pybus Campbell (11)   Amy Woodruff (10)   Anna Maria Sahakian (10) · 1981

Matisse: Dance · 1909

Sylvia Cano (11) · 1981

Matisse the fauve

Matisse paints of color
Matisse paints so pure
His glowing color
Flies off like a bird

Matisse le Fauve

Matisse peint la couleur
Matisse peint d'une façon si pure
Sa couleur rayonnante
S'envole comme un oiseau

Matisse, der Fauvist

Matisse malt Farbe
Matisse malt so rein
Seine glühende Farbe
Fliegt davon wie ein Vogel

Matisse

Oh creator of color patterns
Your paintings enchant everyone
Colors and lines are forces made visible
The secret of creation lies in the
Spirit of the painter

Matisse

Oh créateur de modèles de couleur
Tes tableaux enchantent tout le monde
Les couleurs et les lignes sont des forces rendues visibles
Le secret de la création repose dans
L'esprit du peintre

Matisse

O Schöpfer von Farbmustern
Deine Bilder verzaubern jeden
Farben und Linien sind sichtbar gemachte Kräfte
Das Geheimnis des Schöpferischen liegt
Im Geiste des Malers

Matisse: *Malynda Fairbanks (9)   Anyika Allen (9) · 1981*
Matisse the fauve: *Anne Gunnerson (10) · 1979*

Picasso and Matisse

We are the North and South Poles of art said Pablo
Yet Matisse declared
Only Picasso has the right to criticize my work
In turn Pablo always valued Matisse's opinion of his art
They even exchanged paintings

Picasso et Matisse

Nous sommes les Pôles Nord es Sud de l'Art disait Picasso
Cependant Matisse déclara
Seul Picasso a le droit de critiquer mon travail
A son tour Pablo fit toujours grand cas de l'avis de Matisse sur son art
Ils échangèrent même des tableaux

Picasso und Matisse

Wir sind der Nord- und Südpol der Kunst, sagte Pablo
Doch Matisse erklärte
Nur Picasso hat das Recht, meine Arbeit zu kritisieren
Pablo seinerseits schätzte stets Matissens Meinung über seine Kunst
Sie tauschten sogar ihre Bilder aus

Friendly rivals

Picasso and Matisse were rivals . . .
Friendly but *wary* of one another
Each had his own style of painting
Matisse, Fauve of the Fauves
Expressed his joy for living
With bright flaming colors
While Picasso created a new form
Called Cubism
Through the years deep respect
Turned to profound love . . .
When Matisse died Picasso said
I must paint for both of us now!

Amis et rivaux

Picasso et Matisse étaient rivaux . . .
Amis mais *se méfiant* l'un de l'autre
Chacun avait son propre style de peinture
Matisse, Fauve entre les Fauves
Exprimait sa joie de vivre
Par des couleurs vives et flamboyantes
Tandis que Picasso créait une forme nouvelle
Appelée Cubisme
Au fil des années ce profond respect
Se changea en profond amour . . .
Quand Matisse mourut Picasso dit
Je dois peindre pour nous deux maintenant!

Befreundete Rivalen

Picasso und Matisse waren Rivalen . . .
Befreundet, doch *auf der Hut* voreinander
Jeder hatte seinen eigenen Malstil
Matisse, der Fauvist der Fauvisten
Drückte seine Freude am Leben
In leuchtend flammenden Farben aus
Während Picasso eine neue Form schuf
Kubismus genannt
Im Laufe der Jahre verwandelte sich Hochachtung
In tiefe Liebe . . .
Als Matisse starb, sagte Picasso
Von nun an muß ich für uns beide malen!

Picasso and Matisse: *Chiquita Willis (12) Shawn Speers (11) Clara Pybus Campbell (12) Allison Frazier (9) Julia Hart (11) Paula Rojas (11)* · 1981
Friendly rivals: *Sara Fischer (8) Kristie Kachel (7) Chris Knapp (6) Niren Desai (10) Rachel Schultheis (11) Frederika Sargent (10)* · 1981

Les Demoiselles d'Avignon · 1907

Victor Morris (11) · 1981

Demoiselles d'Avignon

Jagged walls, tilted table . . .
Sharpness and corners
Fill the space . . .
Warning!
Square breasts, pointed elbows
Will poke you in the face
Please . . .
Do not sit on the cantaloupe!

Demoiselles d'Avignon

Murs décrépits, table renversée . . .
Angles aigus et coins
Remplissent l'espace . . .
Attention!
Seins carrés, coudes pointus
Vous frapperont à la figure
S'il vous plait! . . .
Ne vous asseyez pas sur le cantaloup!

Demoiselles d'Avignon

Zackige Wände, schiefer Tisch . . .
Schärfe und Ecken
Füllen den Raum . . .
Vorsicht!
Eckige Brüste, spitze Ellbogen
Stechen dir ins Gesicht
Bitte . . .
Nicht auf die Melone setzen!

Demoiselles

Strange and mysterious women
Floating in time and space
Where did you come from?
Where are you going?

Demoiselles

Femmes étranges et mystérieuses
Flottant dans l'espace et le temps
D'où veniez-vous?
Où allez-vous?

Demoiselles

Seltsame und geheimnisvolle Frauen
Schweben in Zeit und Raum
Woher kommt ihr?
Wohin geht ihr?

Mad and monstrous

What a loss to French art!
Sighed the collector
It's a hoax to discredit Modern Art
Exclaimed Matisse
But Leo Stein had a different point of view
And scoffed . . .
He's trying to paint the fourth dimension!

Fou et monstrueux

Quelle perte pour l'art français!
Soupira le collectionneur
C'est une mauvaise plaisanterie pour discréditer l'Art Moderne
S'exclama Matisse
Mais Leo Stein avait un point de vue différent
Et se moquait . . .
Il essaie de peindre la quatrième dimension!

Verrückt und scheußlich

Welcher Verlust für die französische Kunst!
Seufzte der Sammler
Eine Gemeinheit, die moderne Kunst
So in Mißkredit zu bringen! rief Matisse
Aber Leo Stein hatte einen anderen Standpunkt
Und spöttelte . . .
Er versucht die vierte Dimension zu malen!

Demoiselles d'Avignon: *Paige Buddeke (8) David Ross (10)* · 1981
Demoiselles: *Allison Frazier (9) Paula Rojas (10) Regina Jacks (10)* · 1980
Mad and monstrous: *Allyn Guffey (8) Paul Williams (9) John Sahakian (12) Paige Buddeke (8) Alex Gee (9)* · 1981

The shocking masterpiece

Apollinaire introduced Braque to Picasso
And five unusual women
The appearance of the painted five was horrifying!
It looks like he's been drinking gasoline . . .
And spitting fire! Braque exclaimed
The adventure of Cubism had begun with a shock!

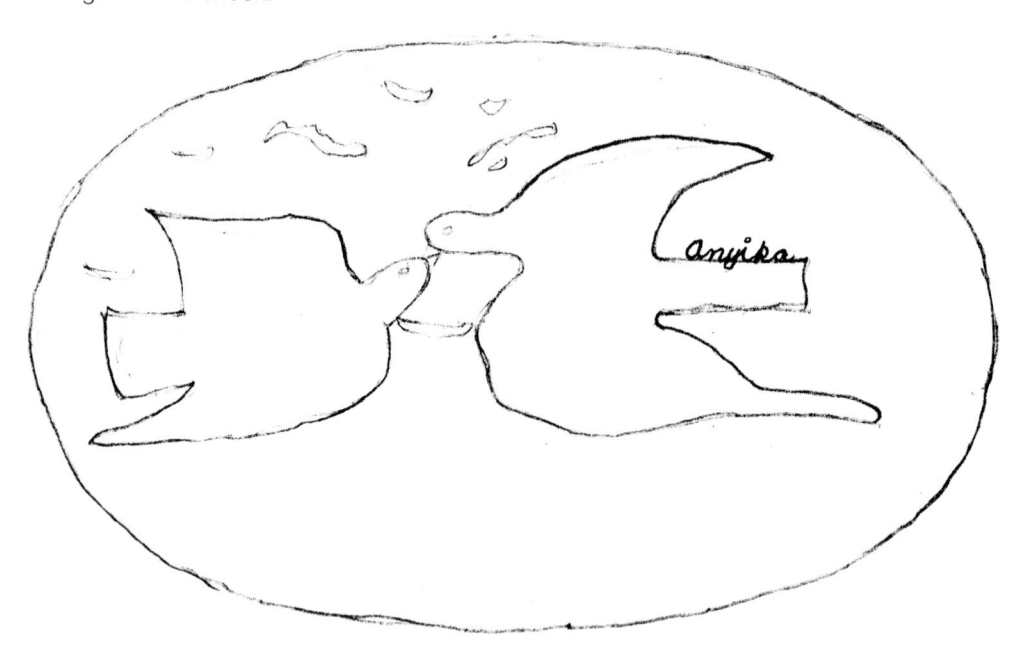

Braque: Doves · 1958
Anyika Allen (10) · 1981

Le chef d'œuvre choquant

Apollinaire présenta Braque à Picasso
Et à cinq femmes peu communes
L'aspect de ces cinq femmes peintes était horrifiant!
On dirait qu'il a bu de l'essence . . .
Et craché du feu! s'exclama Braque
L'aventure du Cubisme avait commencé par un choc!

Das schockierende Meisterwerk

Apollinaire stellte Braque Picasso vor
Und fünf ungewöhnlichen Frauen
Der Anblick der gemalten Fünf war erschreckend!
Es sieht aus, als ob er Benzin getrunken . . .
Und Feuer gespuckt hätte! rief Braque aus
Das Abenteuer des Kubismus hatte mit einem Schock begonnen!

Rachel Schultheis (11) Paula Rojas (11) Marlene Shepherd (10) Julia Hart (11) Anne Gunnerson (12) · 1981

Les collaborateurs

Les contraires s'attirent...
Le prudent Braque était grand, calme et précis
Picasso l'audacieux était petit et énergique
Ils formaient une équipe parfaite
Pendant des années ils discutèrent d'art
Mettant en question l'ancien, essayant le nouveau
Leurs génies combinés créèrent une nouvelle forme d'art
Appelée *Cubisme*
Leur association fut
Unique dans l'histoire de l'art
Mais le temps et la renommée de Picasso
Mirent fin à cette amitié
Qui aurait dû durer éternellement

The collaborators

Opposites attract...
Cautious Braque was tall, quiet and precise
Daring Picasso was short and energetic
Together they were a perfect team
For years they talked art
Questioning the old, trying out the new
Their combined genius created a new art form
Called *Cubism*
Theirs was a partnership
Unique in the history of art
But time and Picasso's fame
Dissolved this friendship
That should have lasted forever

Die Kollegen

Gegensätze ziehen sich an...
Der vorsichtige Braque war groß, ruhig und genau
Der verwegene Picasso klein und voller Tatkraft
Zusammen waren sie ein ideales Gespann
Jahrelang diskutierten sie über Kunst
Stellten das Alte in Frage und versuchten das Neue
Ihr vereinter Genius schuf eine neue Kunstform
Kubismus genannt
Ihre Partnerschaft
War einmalig in der Geschichte der Kunst
Doch die Zeit und Picassos Ruhm
Lösten diese Freundschaft
Die ewig hätte dauern sollen

Frederika Sargent (10)   Paula Rojas (11)   Rachel Schultheis (11)   Anne Gunnerson (12)   Shannon Hartgrove (11)   Marlene Shepherd (10) · 1981

Picasso and Kahnweiler

No one seemed to understand . . .
Only Kahnweiler appreciated
This incredible unconventional work of Art
He purchased the thirty-one sketches
And wanted to buy the painting too
But Picasso declined to sell it
The lifelong friendship
Of Picasso and Kahnweiler began with
Demoiselles d'Avignon

Picasso et Kahnweiler

Personne ne semblait comprendre . . .
Seul Kahnweiler appréciait
Ce travail d'Art incroyable et original
Il acheta les trente et un esquisses
Et voulut également acheter le tableau
Mais Picasso refusa de le vendre
L'amitié de toute une vie
Entre Picasso et Kahnweiler commença avec
Les Demoiselles d'Avignon

Picasso und Kahnweiler

Keiner schien zu begreifen . . .
Nur Kahnweiler brachte Verständnis
Für diese unglaublich unkonventionellen Kunstwerke auf
Er kaufte die einunddreißig Skizzen
Und wollte auch das Gemälde erwerben
Aber Picasso lehnte es ab, zu verkaufen
Die lebenslange Freundschaft
Zwischen Picasso und Kahnweiler begann mit
Den Demoiselles d'Avignon

John Dora (11) Ricardo Rojas (10) Brian Davila (8) Estaban Rojas (8) Paul Williams (9) Niren Desai (10) · 1981

Portrait of Daniel-Henry Kahnweiler

Chiquita Willis (11) · 1981

Kahnweiler the discoverer

He wanted people to look at the new
And devoted himself to clearing the way
For Picasso, Braque, Gris and Léger
Intuition and fine judgement
Led Kahnweiler to a team of unknown artists
Who became the greats of the Twentieth Century

Kahnweiler le découvreur

Il voulait que les gens s'intéressent à la nouveauté
Et se consacra à ouvrir la voie
A Picasso, Braque, Gris et Léger
Son intuition et la finesse de son jugement
Menèrent Kahnweiler
A une équipe d'artistes inconnus
Qui devinrent les grands du 20 ème Siècle

Kahnweiler, der Entdecker

Er wollte, die Leute sollten das Neue sehen
So ebnete er mit Hingabe den Weg für
Picasso, Braque, Gris und Léger
Intuition und ein feines Gespür
Führten Kahnweiler
Zu einer Gruppe unbekannter Künstler
Die die Großen des zwanzigsten Jahrhunderts wurden

Anyika Allen (9) Rachel Schultheis (11) Chiquita Willis (11) Paula Rojas (11) David Carnes (8) · 1981

Girl With a Mandolin · Paris, early 1910

Victor Morris (11) · 1981

Girl with a mandolin

Picasso plays complicated games
With space and time
He plunges us deep into a mystery
Multiplying images grow one out of the other
To form a girl with a mandolin

Femme a la mandoline

Picasso joue à des jeux compliqués
Avec l'espace et le temps
Il nous plonge au cœur d'un mystère
Multipliant des images qui surgissent l'une de l'autre
Pour donner forme à une femme avec une mandoline

Mädchen mit Mandoline

Picasso spielt schwierige Spiele
Mit Raum und Zeit
Er taucht uns tief in ein Geheimnis
Vielfältige Bilder wachsen, eines aus dem anderen
Um ein Mädchen mit einer Mandoline zu formen

Anyika Allen (9) Amy Woodruff (10) Chiquita Willis (12) · 1981

Juan Gris: The Clown · 1924

Victor Morris (11) · 1981

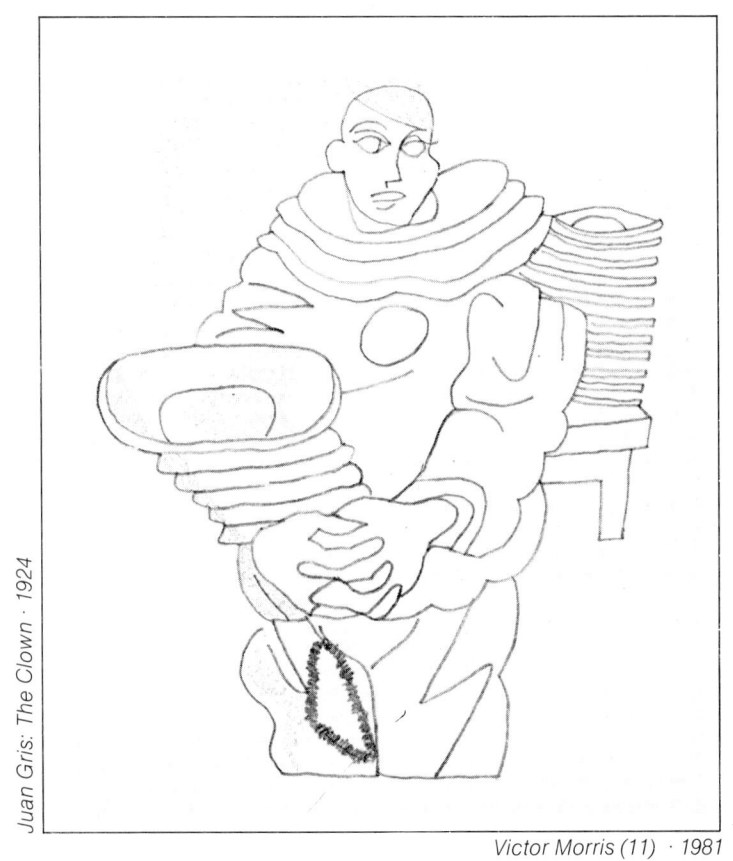

Juan Gris

A friend of everyone
Tall dark and handsome
They called him Don Juan Gris
Picasso was his *idol*
And Pablo let himself be adored
Juan began his career with
"Homage to Picasso"
When the war broke out
Failing health pursued the penniless Gris
Picasso withdrew 100.000 francs...
He sent a gift of 20 francs
To his ailing friend
The genius of Juan Gris was not recognized
Until it was too late...
He was dying

Juan Gris

Ami de tous
Grand, brun et bien fait
On l'appelait Don Juan Gris
Picasso était son *idole*
Et Pablo se laissait adorer
Juan commença sa carrière avec
«Hommage à Picasso»
Lorsque la guerre éclata
Gris était malade et sans le sou
Picasso retira 100.000 francs...
Il envoya un cadeau de 20 francs
A son ami souffrant
Le génie de Juan Gris ne fut reconnu
Que lorsqu'il fut trop tard...
Il mourait

Juan Gris

Jedermanns Freund
Groß, dunkel und attraktiv
Sie nannten ihn Don Juan Gris
Picasso war sein *Idol*,
Und Pablo ließ sich von ihm bewundern
Juan begann seine Karriere mit
»Huldigung an Picasso«
Als der Krieg ausbrach
Fing der mittellose Gris an, zu kränkeln
Picasso hob 100.000 Francs ab...
Er sandte seinem leidenden Freund
Ein Geschenk von 20 Francs
Juan Gris' Genie wurde erst erkannt
Als es zu spät war...
Er lag im Sterben

Tatjana Terauds (9) Lisa Levin (11) Amy Woodruff (10) Malynda Fairbanks (9) Shannon Hartgrove (11) · 1981

Ma Jolie · 1914

Lance Borlase (11) · 1981

Ma Jolie

Picasso called Eva
Ma Jolie . . . my pretty one
I love her very much he told Kahnweiler
I shall write her name on my pictures
Pablo's love had changed
And so had his art

Ma Jolie

Picasso appelait Eva
Ma Jolie . . .
Je l'aime beaucoup dit-il à Kahnweiler
J'écrirai son nom sur mes tableaux
L'amour de Picasso avait changé
Ainsi que son art

Ma Jolie

Picasso nannte Eva
Ma Jolie . . . meine Hübsche
Ich liebe sie sehr, sagte er zu Kahnweiler
Ich werde ihren Namen
Auf meine Bilder schreiben
Pablos Liebe hatte sich gewandelt
Und mit ihr seine Kunst

Sara Fischer (8) Kristie Kachel (7) Brian Davila (8) Ricardo Rojas (10) Erin Cowan (7) Paul Williams (9) Hoda Ba-eshan (9) Estaban Rojas (8) · 1981

Portrait of Jean Cocteau · Rome 1917

Anna Maria Sahakian (10) · 1981

Cocteau à la rescousse

Ma Jolie venait de mourir . . .
Ses amis étaient au Front . . .
De quoi d'autre pouvait-il encore être frappé?
Plein d'ennui, seul et déprimé
Picasso ne pouvait plus donner un seul
Coup de pinceau
C'était le moment idéal pour
Que Cocteau vienne à son secours!
Il offrit à Picasso un défi excitant . . .
Dessinez les décors et costumes
De mon merveilleux nouveau ballet
Et portez ainsi le Cubisme sur la scène!
Ils partirent ainsi pour Rome
Pour entrer dans le monde exotique de
Diaghilev et des Ballets Russes

Cocteau to the rescue

Ma Jolie had just died . . .
His friends were at the Front . . .
What else could possibly go wrong?
Bored, lonely and depressed
Picasso could not paint a single brush stroke
It was the perfect moment for
Cocteau to come to the rescue!
He offered Pablo an exciting challenge . . .
Design the sets and costumes
For my wonderful new ballet
And put Cubism on the stage!
So off to Rome they went
To enter the exotic world of
Diaghilev and the Ballets Russes

Cocteau, der Retter

Ma Jolie war gerade gestorben . . .
Seine Freunde waren an der Front . . .
Was sollte ihm noch passieren?
Gelangweilt, allein und deprimiert
Gelang Picasso kein einziger Pinselstrich
Es war der ideale Augenblick für
Cocteau, ihm zu Hilfe zu kommen!
Er machte Pablo ein aufregendes Angebot . . .
Entwerfen Sie Bühnenbild und Kostüme
Für mein wunderbares neues Ballett
Und bringen Sie so den Kubismus auf die Bühne!
Auf ging's nach Rom
In die exotische Welt
Diaghilews und des Ballet Russe

Ricardo Rojas (10)   Estaban Rojas (8)   Malynda Fairbanks (9)   Niren Desai (10)   David Ross (10)   Alex Gee (9)   Paige Buddeke (8) · 1981

Erik Satie · Paris, May 19, 1920

John Dora (12) · 1981

The eccentric composer

Ridiculous titles . . .
That have nothing to do with the music
Ridiculous instructions
That startle or amuse the musicians
"To be played like a nightingale with a toothache!"
Satie's extremely simple music
Matched his style of conversation . . .
Wit mingled with wisdom

Le compositeur excentrique

Titres ridicules . . .
Qui n'ont rien à voir avec la musique
Instructions ridicules
Qui effraient ou amusent les musiciens
«A jouer comme un rossignol ayant une rage de dents!»
La musique extrêmement simple de Satie
Allait avec son style de conversation . . .
Esprit mêlé de sagesse

Der exzentrische Komponist

Lächerliche Titel . . .
Die nichts mit der Musik zu tun haben
Lächerliche Anweisungen
Die die Musiker verwirren oder belustigen
»Zu spielen wie eine Nachtigall mit Zahnweh!«
Saties äußerst schlichte Musik
Paßte zu seinem Gesprächsstil . . .
Witz mit Weisheit gepaart

Niren Desai (10) Anne Gunnerson (12) Paula Rojas (11) Regina Jacks (11) Clara Pybus Campbell (12) · 1981

Chinese Conjurer's Costume for Parade · Rome, 1917

Kristin Yeriazarian (8) · 1981

Parade

Astonish me! Commanded Diaghilev
What an astonishment!!
Gigantic Cubist paintings moved
To Satie's unassuming music
While Cocteau's "ear deceivers"
Shocked the audience beyond belief
Stamping footsteps, sirens, typewriters
An airplane propeller enraged the spectators
Hysterical women drew their hatpins
We would have been stabbed to death said Cocteau
If it hadn't been for Apollinaire the war hero
Who appealed for tolerance and restored order
This unconventional circus ballet . . .
A landmark in the history of the theatre
Transformed Picasso into a world famous artist

Parade

Etonnez-moi! commanda Diaghilev
Quel étonnement!!
Les gigantesques tableaux cubistes suivaient
La musique simple de Satie
Tandis que les «trompe-l'oreille» de Cocteau
Choquaient incroyablement l'auditoire
Piétinements, sirènes, machines à écricre
Hélice d'avion, exaspéraient les spectateurs
Des femmes hystériques ôtaient leurs épingles á chapeau
Nous aurions été poignardés dit Cocteau
Si cela n'avait été pour Apollinaire
Le héros de la guerre qui appela à la tolérance
Et ramena l'ordre
Ce ballet de cirque peu commun . . .
Evènement marquant dans l'histoire du théâtre
Fit de Picasso un artiste célèbre
Dans le monde entier

Parade

Verblüffen Sie mich! befahl Diaghilew
Welch' eine Verblüffung!!
Gigantische kubistische Malereien bewegten sich
Zu Saties anspruchsloser Musik
Während Cocteaus »Ohrentäuscher«
Das Publikum unglaublich schockten
Stampfende Tritte, Sirenen, Schreibmaschinen
Ein Flugzeugpropeller machten die Zuschauer rasend
Hysterische Frauen griffen nach ihren Hutnadeln
Wir wären zu Tode gestochen worden, sagte Cocteau
Wäre Apollinaire nicht gewesen
Der Kriegsheld bat um Toleranz
Und stellte die Ordnung wieder her
Dieses ungewöhnliche Zirkusballett . . .
Ein Markstein in der Theatergeschichte
Machte Picasso zu einem weltberühmten Künstler

Clara Pybus Campbell (12) Tatjana Terauds (9) Marlene Shepherd (10) · 1981

Cocteau: Serge Diaghilev

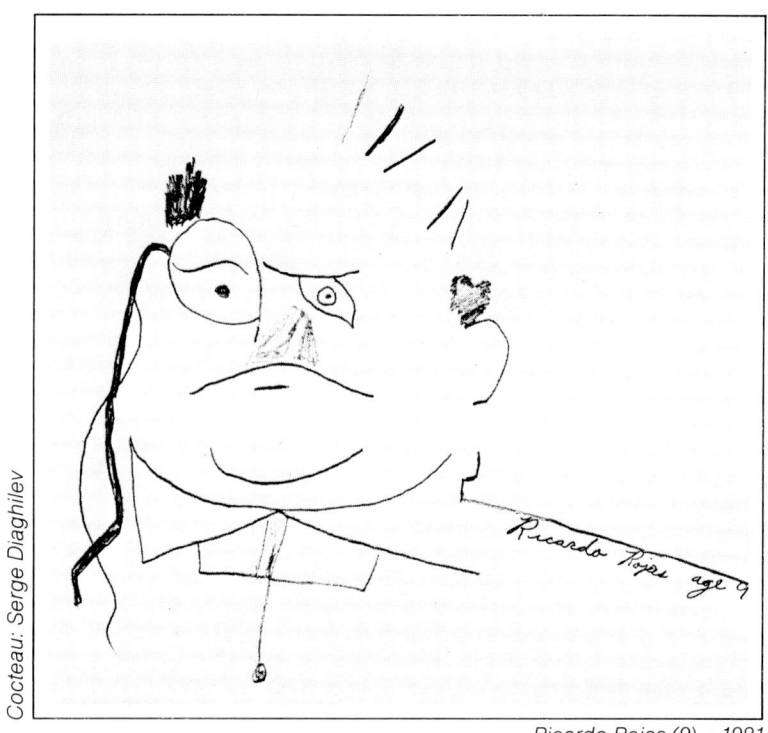

Ricardo Rojas (9) · 1981

Picasso and Diaghilev

Picasso had never seen a Russian ballet
Diaghilev had never seen a Cubist work of art
Picasso was dazzled
Diaghilev was astonished!

Picasso et Diaghilev

Picasso n'avait jemais vu un Ballet Russe
Diaghilev n'aveit jemais vu une œuvre d'art Cubiste
Picasso fut ébloui
Diaghilev fut étonné!

Diaghilev

Diaghilev was a genius
Who recognized genius
He gave courage and strength
To dancers artists and musicians
He created the unforgettable Ballets Russes
A name that spreads magic to this day
Who could forget Diaghilev?

Diaghilev

Diaghilev était un génie
Qui reconnaissait le génie
Il donna force et courage
A des danseurs artistes et musiciens
Il créa les inoubliables Balletts Russes
Nom à consonance magique encore de nos jours
Qui pourrait oublier Diaghilev?

Diaghilew

Diaghilew war ein Genie
Das Genies erkannte
Er gab Tänzern, Künstlern und Musikern
Mut und Kraft
Er schuf das unvergeßliche Ballet Russe
Ein Name, der bis heute seinen Zauber behielt
Wer könnte Diaghilew vergessen?

Picasso und Diaghilew

Picasso hatte nie ein russisches Ballett gesehen
Diaghilev hatte nie ein kubistisches Kunstwerk gesehen
Picasso war geblendet
Diaghilew war verblüfft!

Diaghilev: *Clara Pybus Campbell (11)* · *1980*
Picasso and Diaghilev: *Anne Gunnerson (12) Estaban Rojas (8) Ricardo Rojas (10) David Carnes (8) Paul Williams (9)* · *1981*

Cocteau: Poster for "Le Spectre de la Rose"

Clara Pybus Campbell (12) · 1981

Nijinsky

His teacher said
Once he leaps in the air
He never comes down!
Birds were jealous
Because the law of gravity
Did not exist for him
His gracefulness
Like a petal in the wind
Can never be matched

Nijinsky

Son professeur disait
Lorsqu'il saute en l'air
Il ne redescend jamais!
Les oiseaux étaient jaloux
Car la loi de la pesanteur
N'existait pas pour lui
Sa grâce
Comparable à un pétale dans le vent
Ne pourra jamais être égalée

Nijinsky

Sein Lehrer sagte
Wenn er in die Luft springt
Kommt er nicht mehr herunter!
Vögel waren eifersüchtig
Weil das Gesetz der Schwerkraft
Für ihn nicht existierte
Seine Grazie
Einem Blumenblatt im Winde gleich
Bleibt ewig unerreicht

Clara Pybus Campbell (11) · 1980

Igor Stravinsky · Paris, May 24, 1920

Lance Borlase (11) · 1981

Stravinsky

A *genius* born in St. Petersburg
Stravinsky is his name!
At the age of twenty-eight
The Firebird brought him fame
Diaghilev recognized his greatness
And commissioned his greatest ballets
The Firebird and Petrouchka
Met with great succes
But The Rite of Spring
Was "violent to excess!"

Stravinsky

Un *génie* né à St. Pétersbourg
Stravinsky est son nom!
A l'âge de vingt - huite ans
L'Oiseau de Feu lui apporta la gloire
Diaghilev reconnut sa grandeur
Et lui commanda ses plus grands ballets
L'Oiseau de Feu et Petrouchka
Eurent un énorme succès
Mais le Sacre du Printemps
Etait «violent à l'excès!»

Strawinsky

Ein *Genie*, in Sankt Petersburg geboren
Strawinsky ist sein Name!
Im Alter von achtundzwanzig
Brachte ihm Der Feuervogel Ruhm
Diaghilew erkannte seine Größe
Und gab ihm den Auftrag
Zu seinen berühmten Balletten
Der Feuervogel und Petruschka
Errangen enorme Erfolge
Aber Sacre du printemps
War „wild bis zum Exzess!"

Tatjana Terauds (8) · 1981

A night to remember

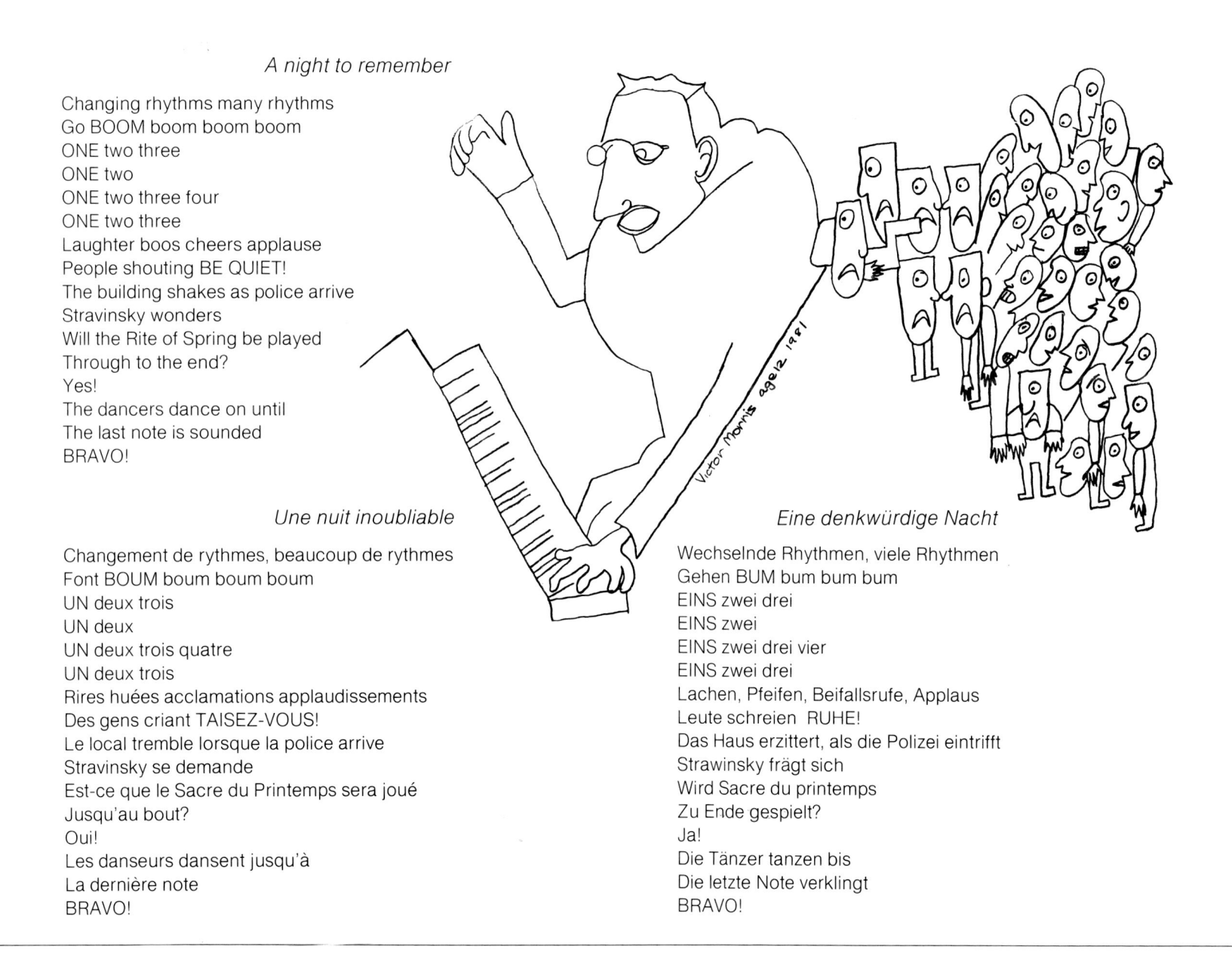

Changing rhythms many rhythms
Go BOOM boom boom boom
ONE two three
ONE two
ONE two three four
ONE two three
Laughter boos cheers applause
People shouting BE QUIET!
The building shakes as police arrive
Stravinsky wonders
Will the Rite of Spring be played
Through to the end?
Yes!
The dancers dance on until
The last note is sounded
BRAVO!

Une nuit inoubliable

Changement de rythmes, beaucoup de rythmes
Font BOUM boum boum boum
UN deux trois
UN deux
UN deux trois quatre
UN deux trois
Rires huées acclamations applaudissements
Des gens criant TAISEZ-VOUS!
Le local tremble lorsque la police arrive
Stravinsky se demande
Est-ce que le Sacre du Printemps sera joué
Jusqu'au bout?
Oui!
Les danseurs dansent jusqu'à
La dernière note
BRAVO!

Eine denkwürdige Nacht

Wechselnde Rhythmen, viele Rhythmen
Gehen BUM bum bum bum
EINS zwei drei
EINS zwei
EINS zwei drei vier
EINS zwei drei
Lachen, Pfeifen, Beifallsrufe, Applaus
Leute schreien RUHE!
Das Haus erzittert, als die Polizei eintrifft
Strawinsky frägt sich
Wird Sacre du printemps
Zu Ende gespielt?
Ja!
Die Tänzer tanzen bis
Die letzte Note verklingt
BRAVO!

Cocteau: Caricature of Stravinsky playing music of Le Sacre du Printemps to a stunned audience · Paris 1924
Victor Morris (11) · 1981

Allison Frazier (8) · 1979

Igor Stravinsky

Anyika Allen (9) · 1981

The precious gift

A war map?!
That's my portrait by Picasso!
But the border guards were adamant
This is a plan for war!
With that they confiscated the precious gift
Stravinsky thought . . .
If only Pablo had colored it in . . .

Le don précieux

Une carte de guerre?!
C'est mon portrait par Picasso!
Mais les gardes-frontière furent inflexibles
C'est un plan de guerre!
Là-dessus ils confisquèrent le don précieux
Stravinsky pensa . . .
Si seulement Pablo y avait mis de la couleur . . .

Das kostbare Geschenk

Eine Kriegskarte?!
Das ist mein Porträt von Picasso!
Doch die Grenzwächter waren unerbittlich
Das ist ein Schlachtplan!
Also wurde das kostbare Geschenk konfisziert
Strawinsky dachte . . .
Hätte es Pablo nur farbig gemacht! . . .

Kristin Yeriazarian (7) Allyn Guffey (8) Anyika Allen (9) Regina Jacks (11) · 1981

Cocteau: Picasso and Stravinsky

Paige Martin (7) · 1977

Picasso and Stravinsky	*Picasso et Stravinsky*	*Picasso und Strawinsky*
Always looking for a challenge	Toujours à la recherche d'un défi	Stets auf Suche nach einer Herausforderung
Each step leading to the next	Chaque étape menant à la suivante	Führt ein Schritt zum nächsten
Stravinsky in music	Stravinsky en musique	Strawinsky in der Musik
Picasso in art	Picasso en art	Picasso in der Malerei
Just when you think you know them . . .	Juste quand vous pensez les connaître . . .	Kaum glaubt man, sie zu kennen . . .
They change their style!	Ils changent de style!	Ändern sie ihren Stil!
Genius *never* stands still	Le génie n'est *jamais* immobile	Genies stehen *niemals* still

Niren Desai (10)   Anne Gunnerson (12)   Jenna Ohlendorf (10)   Tatjana Terauds (9) · 1981

The Lovers

Anna Maria Sahakian (10) · 1981

A new style

The Roman Spring of 1917
Brought Picasso together with
Powerful forces from the Past
Enchanted with Greek and Roman sculpture . . .
Overcome by irresistable visions of beauty
Painted by Michelangelo and Raphael
Pablo created new forms
In a classical rhythm

Un nouveau style

L'été romain de 1917
Mit Picasso en présence des
Forces puissantes du Passé
Enchanté par la sculpture grecque et romaine . . .
Fortement ému par les visions irrésistibles de beauté
Peintes par Michel-Ange et Raphaël
Pablo créa de nouvelles formes
Dans un rythme classique

Ein neuer Stil

Der römische Frühling von 1917
Brachte Picasso mit gewaltigen
Kräften der Vergangenheit in Kontakt
Hingerissen von griechischen und
Römischen Skulpturen
Überwältigt von den
Unwiderstehlichen Schönheitsvisionen
Eines Michelangelo und Raphael
Schuf Pablo neue Formen
In klassischem Rhythmus

Allison Frazier (10) Rachel Schultheis (11) Paige Buddeke (9) · 1981

Seven Dancers · London, Summer 1919

Alex Zhukoborsky (11) · 1981

Olga

Night and day a beautiful ballerina
Danced in Picasso's head
Watch out! warned Diaghilev
You have to marry Russian girls!
You must be joking Pablo replied
But soon . . . wedding bells were ringing

Olga

Nuit et jour une belle ballerine
Dansait dans la tête de Picasso
Attention! prévint Diaghilev
Il faut épouser les filles russes!
Vous plaisantez répondit Picasso
Mais bientôt . . . sonnaient les cloches du mariage

Olga

Tag und Nacht tanzte eine
Wunderschöne Ballerina in Picassos Kopf herum
Paß auf! warnte Diaghilew
Russische Mädchen muß man heiraten!
Soll das ein Witz sein erwiderte Pablo
Bald jedoch . . . läuteten die Hochzeitsglocken

Shawn Speers (11) Julia Hart (11) Paula Rojas (11) Rachel Schultheis (11) Regina Jacks (11) · 1981

Portrait of Olga Picasso · 1921–1922

Chiquita Willis (11) · 1981

Olga and Picasso

Olga believed in her new rebel husband
Picasso was bold and irrepressible . . .
The leader of a new breed of artists
Who wished to destroy the old and create the new

Olga et Picasso

Olga croyait en son nouveau mari rebelle
Picasso était audacieux et irrépressible . . .
Chef d'une nouvelle race d'artistes
Qui souhaitaient détruire l'ancien et créer le nouveau

Picasso and matrimony

Life was not the same
The jumbled mess of the Bateau-Lavoir
Was replaced by stiff chairs
Fancy clothes a maid and tea time
Paints and brushes . . .
Even his piles of canvases were
Banished to another place!

Picasso et le mariage

La vie ne fut plus la même
Le désordre et le fouillis du Bateau-Lavoir
Furent remplacés par des chaises rigides
Vêtements de fantaisie une domestique et l'heure du thé
Peintures et pinceaux . . .
Et même ses monceaux de toiles furent
Exilés dans un autre endroit!

Picasso und die Ehe

Das Leben war nicht mehr dasselbe
Das unordentliche Durcheinander des Bateau-Lavoir
War steifen Stühlen gewichen
Eleganten Kleidern, einem Dienstmädchen und einer Teezeit
Farben und Pinsel . . .
Selbst seine Leinwandstöße waren
Anderswohin verbannt!

Olga und Picasso

Olga glaubte an ihren neuen rebellischen Gatten
Picasso war kühn und nicht zu halten . . .
Anführer einer neuen Art von Künstlern
Die das Alte zerstören und das Neue schaffen wollten

Olga and Picasso: *Rachel Schultheis (11) · 1981*
Picasso and matrimony: *Allyn Guffey (8) Wesley Settle (11) Paul Williams (9) Alex Gee (9) · 1981*

Paulo on a Donkey · Paris, 1923

Sylvia Cano (10) · Victor Morris (11) · 1981

Paulo

Picasso's first born child
Was his first born son
They called him Paulo

Paulo

Le premier enfant de Picasso
Fut son premier fils
Ils l'appelèrent Paulo

Paulo

Picassos erstgeborenes Kind
War sein erstgeborener Sohn
Sie nannten ihn Paulo

Paulo on the donkey

Posing for the photographer
Picasso's son is not afraid
He likes sitting on the donkey
The world looks different from there

Paulo sur l'âne

Posant pour le photographe
Le fils de Picasso n'a pas peur
Il aime être assis sur l'âne
Le monde semble différent de là-haut

Paulo auf dem Esel

Für den Photographen posierend
Hat Picassos Sohn keine Angst
Er sitzt gerne auf dem Esel
Die Welt sieht von da oben anders aus

Paulo: *Damien Blummer (6) Leah Fischer (6) · 1981*
Paulo on the donky: *Kelly Coleman (5) Aaron Magee (5) Jason Packard (5) Amy Pesnell (5) Pejman Nayeri (5) · 1981*

Self Portrait With a Monster · 1929

Lance Borlase (11) · 1981

The mismatch

What a marriage!
Olga the elegant and snobbish aristocrat
Had a place for everything
And everything was in its place
While the free and easy going Pablo
Lived in another world
Where disorder was a way of life
It just wasn't meant to be . . .

La mesalliance

Quel mariage!
Pour Olga la snob et élégante aristocrate
Chaque chose avait sa place
Et tout était à sa place
Tandis que Picasso, libre et insouciant
Vivait dans un autre monde
Le désordre faisant partie de sa vie
Cela ne pouvait pas marcher . . .

Ungleiche Partner

Was für eine Ehe!
Olga, die elegante, snobbistische Aristokratin,
Hatte für alles einen Platz
Und alles war an seinem Platz
Der frei- und leichtlebige Pablo indessen
Lebte in einer anderen Welt
In der Unordnung zur Lebensart gehörte
Das konnte nicht gut gehen . . .

Clara Pybus Campbell (12) Shawn Speers (11) Paula Rojas (11) Rachel Schultheis (11) · 1981

Nude in an Armchair · Paris, May 5, 1929

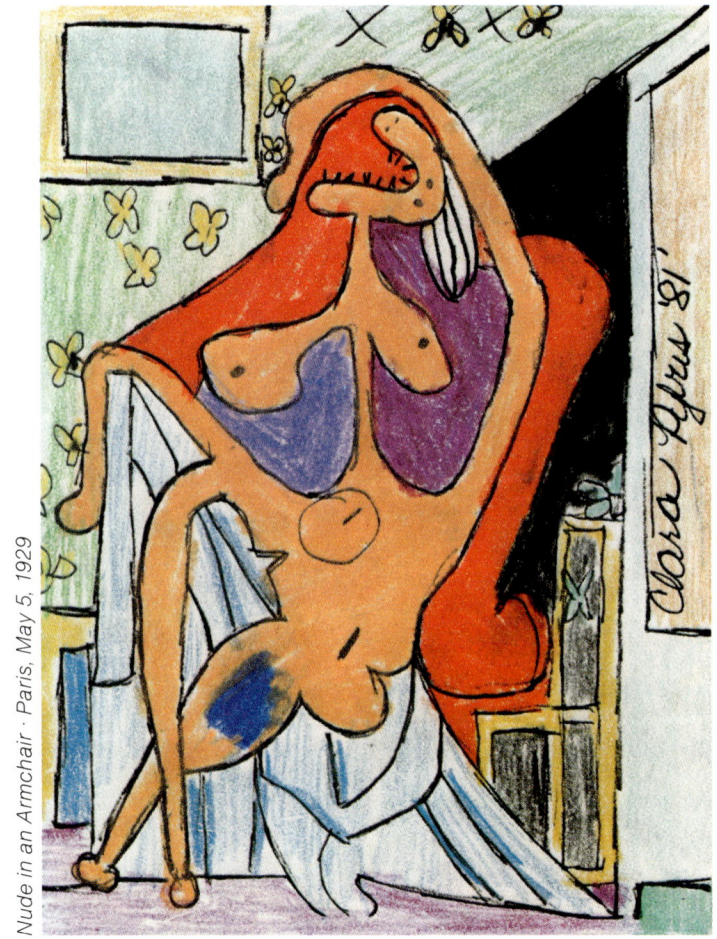

Clara Pybus Campbell (12) · 1981

Anguish

Le high life with Olga
Was a disastrous mistake
Le high life with Picasso
Was a destructive mistake
A beautiful dancer was
Transformed from an idealized ballerina
To a twisted tormented raging disfigured woman
Picasso's art had changed
But the artist remained the same

Angoisse

La vie mondaine avec Olga
Fut une erreur désastreuse
La vie mondaine avec Picasso
Fut une erreur destructrice
D'une ballerine idéalisée
Une belle danseuse fut transformée
En femme tordue tourmentée furieuse défigurée
L'art de Picasso avait changé
Mais l'artiste restait le même

Qual

Das mondäne Leben mit Olga
War ein verheerender Fehler
Das mondäne Leben mit Picasso
War ein zerstörender Fehler
Eine schöne Tänzerin verwandelte sich
Von einer angebeteten Ballerina in eine
Verdrehte, gequälte, rasend entstellte Frau
Picassos Kunst hatte sich geändert
Der Künstler jedoch blieb derselbe

Chiquita Willis (11) Clara Pybus Campbell (12) Alex Zhukoborsky (12) Niren Desai (10) Amy Woodruff (10) Allison Frazier (9) · 1981

Three Musiciens · Fontainebleau, Summer 1921

Victor Morris (11) · 1981

The three musicians

Three musicians odd in their ways
Seem to hide their everyday face
Playing their music and singing their songs
Letting their music right the wrongs

Les trois musiciens

Trois musiciens à l'aspect singulier
Semblent cacher leur visage de tous les jours
En jouant leur musique et chantant leurs chansons
Laissant leur musique corriger les torts

Die drei Musiker

Drei Musiker erscheinen höchst sonderbar
Man sieht ihr wahres Gesicht nicht klar
Sie spielen ihre Musik und singen Lieder
Ihre Weisen geben Traurigen Freude wieder

Tatjana Terauds (8) · 1980

Three Musicians · Fontainebleau, Summer 1921

Greg Parish (9) · 1977

Souvenir des jours heureux

Hantises . . .
Amis perdus, jeunesse perdue
Rendent Picasso très triste
Trois musiciens masqués
Habillés en Pierrot, en Arlequin et en Moine
Apaisent leur chagrin en
Jouant leurs souvenirs partagés . . .
Des jours héroiques du Bateau-Lavoir
Lorsque la vie n'était
Qu'amitié, pauvreté et liberté
Ces jours se sont enfuis
Même le chien gémit de tristesse . . .
Apollinaire est mort
Max a rejoint le monastère
Seul Pablo demeure dans un monde à lui

The memorial to halcyon days

Haunting memories . . .
Lost friends, lost youth
Make Picasso very sad
Three masked musicians
Dressed as a Pierrot, a Harlequin and a Monk
Assuage their sorrow by
Playing shared memories . . .
Of heroic days at the Bateau-Lavoir
When life was filled with
Friendship, poverty and freedom
These days have vanished
Even the dog wails a cry of sadness . . .
Apollinaire is dead
Max has joined the monastery
Only Pablo remains in a world of his own

Gedanken an glückliche Tage

Quälende Erinnerungen . . .
Verlorene Freunde, verlorene Jugend
Machen Picasso sehr traurig
Drei maskierte Musiker
Als Harlekin, Pierrot und Mönch verkleidet
Lindern ihre Trauer, indem sie
Gemeinsame Erinnerungen spielen . . .
An heroische Tage im Bateau-Lavoir
Als das Leben erfüllt war von
Freundschaft, Armut und Freiheit
Entschwunden sind diese Tage
Selbst der Hund heult kläglich . . .
Apollinaire ist tot
Max ist im Kloster
Nur Pablo bleibt in seiner eigenen Welt

Shawn Speers (12) Paula Rojas (11) Chiquita Willis (12) Clara Pybus Campbell (12) · 1981

Les Démoiselles d'Avignon · 1907

Giovanni Ferrary (7) · 1977

The Family of Saltimbanques · Paris 1905

Allyn Guffy (8)   Sylvia Cano (11) · 1981

Two more Children's Variations on Picasso Themes (see pages 76 and 35)

The Dance · Monte Carlo, June 1925

Victor Morris (11) · 1981

Psychedelic dream

Clothed yet naked
A savage two-faced creature
Leads violent figures
In a frenzied dance of
Love and death
Memories of Casagemas and Germaine returned
When Picasso lost his friend Pichot
This brutally distorted scene
Helped Picasso lessen his grief

Rêve psychédélique

Vêtue et nue cependant
Une sauvage créature à deux visages
Exécute des figures violentes
Dans une danse délirante
D'amour et de mort
Le souvenir de Casagemas et de Germaine revint
Lorsque Picasso perdit son ami Pichot
Cette scène brutale et tourmentée
Aida Picasso à atténuer sa peine

Psychedelischer Traum

Bekleidet, dennoch nackt
Vollführt eine wilde, zweigesichtige Kreatur
Ungestüme Figuren
In einem rasenden Tanz von
Liebe und Tod
Erinnerungen an Casagemas und Germaine kehrten zurück
Als Picasso seinen Freund Pichot verlor
Diese brutal verzerrte Szene
Half Picasso, seinen Schmerz zu lindern

Alex Zhukoborsky (11) Anyika Allen (10) Julia Hart (11) Anna Maria Sahakian (10) Lance Borlase (11) Amy Woodruff (10) · 1981

Seated Bather · Paris, early 1930

John Dora (11) · 1981

The predator

A scary horrifying hobgoblin
Sits isolated on the beach
Waiting for a victim to devour
With its sharp clawing teeth
Watch out!
Its powerful hypnotic spell
Is deadly

Le predateur

Un épouvantable et horrifiant farfadet
Est assis seul sur la plage
Attendant une victime à dévorer
Avec ses dents pointues et coupantes
Attention!
Son charme puissant et hypnotique
Est mortel

Der Räuber

Ein schauriger, grauenvoller Kobold
Sitzt abseits am Strand
Und wartet auf ein Opfer, um es
Mit seinen messerscharfen Zähnen zu verschlingen
Gib acht!
Sein mächtiger hypnotischer Zauber
Ist tödlich

Marlene Shepherd (10) Todd Frazier (11) John Dora (12) Clara Pybus Campbell (12) Jenna Ohlendorf (10) Tatjana Terauds (9) · 1981

Still Life on a Pedestal Table · Paris, March 11, 1931

Rachel Schultheis (11) · 1981

Picasso and Marie-Thérèse

They met outside the department store
She was seventeen
He was forty-six
You have an interesting face said he
I would like to make your portrait
I am Picasso
Marie-Thérèse said yes

Picasso et Marie-Thérèse

Ils se rencontrèrent devant le grand magasin
Elle avait dix-sept ans
Il en avait quarante-six
Vous avez un visage intéressant dit-il
J'aimerais faire votre portrait
Je suis Picasso
Marie-Thérèse dit oui

Picasso und Marie-Thérèse

Sie trafen sich vor dem Kaufhaus
Sie war siebzehn
Er sechsundvierzig
Sie haben ein interessantes Gesicht, sagte er
Ich möchte Sie gerne porträtieren
Ich bin Picasso
Marie-Thérèse sagte ja

Jenna Ohlendorf (10) Paige Buddeke (8) Estaban Rojas (8) Anyika Allen (10) Alex Gee (9) · 1981

Woman With Yellow Hair · December 27, 1931

Clara Pybus Campbell (12) · 1981

A woman sleeping

A woman sleeping, dreaming . . .
About her love for Picasso
O Picasso! Picasso! Picasso!
It seems so real to her
But then she wakes up
It was only a dream

Une femme endormie

Une femme endormie, rêvant . . .
A son amour pour Picasso
Oh Picasso! Picasso! Picasso!
Cela lui semble si réel
Mais elle se réveille
Ce n'était qu'un rêve

Schlafende Frau

Eine Frau schläft und träumt . . .
Von ihrer Liebe zu Picasso
O Picasso! Picasso! Picasso!
Es kommt ihr so wirklich vor
Doch dann wacht sie auf
Es war nur ein Traum

Paula Rojas (10) · 1980

Girl Before A Mirror · Boisgeloup, March 14, 1932

Marlene Shepherd (11) · 1981

Marie-Thérèse

A beautiful woman
Looks in the mirror . . .
Beautiful because she carries
The miracle of Life within her
What are her thoughts?
Twins? a Boy? a Girl?
Thoughts of love and uncertainty
Float all around her
She wonders . . . and hopes for the best
Does Pablo still love me?

Marie-Thérèse

Une belle femme
Se regarde dans le miroir . . .
Belle parce qu'elle porte
Le miracle de la Vie en elle
Quelles sont ses pensées?
Des Jumeaux? Un Garçon? Une Fille?
Des idées d'amour et d'incertitude
Flottent autour d'elle
Elle se demande . . . et espère
Est-ce que Pablo m'aime toujours?

Marie-Thérèse

Eine schöne Frau
Schaut in den Spiegel . . .
Schön, denn sie trägt das Wunder
Des Lebens in sich
Was sind ihre Gedanken?
Zwillinge? Ein Junge? Ein Mädchen?
Gedanken über Liebe und Unsicherheit
Umschweben sie
Sie fragt sich . . . und hofft das Beste
Liebt Pablo mich noch?

Allison Frazier (9) Paula Rojas (10) Rachel Schultheis (11) · 1981

Portrait of Maya With a Doll · 1938

Marlene Shepherd (11) · 1981

Maya and the doll

Shy little Maya in the corner of the room
Why are you sitting all alone?
Why aren't you out playing with your friends?
I want to be the doll's mother . . .
Dolls need love just like we do

Maya et la poupée

Timide petite Maya dans un coin de la pièce
Pourquoi es-tu assise toute seule?
Pourquoi ne joues-tu pas avec tes amis?
Je veux être la mère de la poupée . . .
Les poupées ont besoin d'amour autant que nous

Maya und die Puppe

Scheue kleine Maya in der Ecke des Zimmers
Warum sitzt du so allein?
Warum spielst du nicht draußen
Mit deinen Freunden?
Ich will die Mutter der Puppe sein . . .
Puppen brauchen Liebe genauso wie wir

Picasso's daughter Maya

The new born baby girl
Was named for Pablo's sister
They called her Maya
Picasso served as godfather
To Marie-Thérèse's child

Maya la fille de Picasso

A la petite fille qui venait de naître
On donna le prénom de la sœur de Picasso
On l'appela Maya
Picasso servit de parrain
A l'enfant de Marie-Thérèse

Picassos Tochter Maya

Das neugeborene Mädchen
Wurde nach Pablos Schwester
Maya genannt
Picasso war Taufpate
Für Marie-Thérèsens Kind

Maya and the doll: Regina Jacks (11) Paula Rojas (10) Rachel Schultheis (11) Allison Frazier (8) · 1981
Picasso's daugther Maya: Kristin Yeriazarian (8) Clara Pybus Campbell (12) Anna Maria Sahakian (10) · 1981

The Sculptor and His Statue · Cannes, July 20, 1933

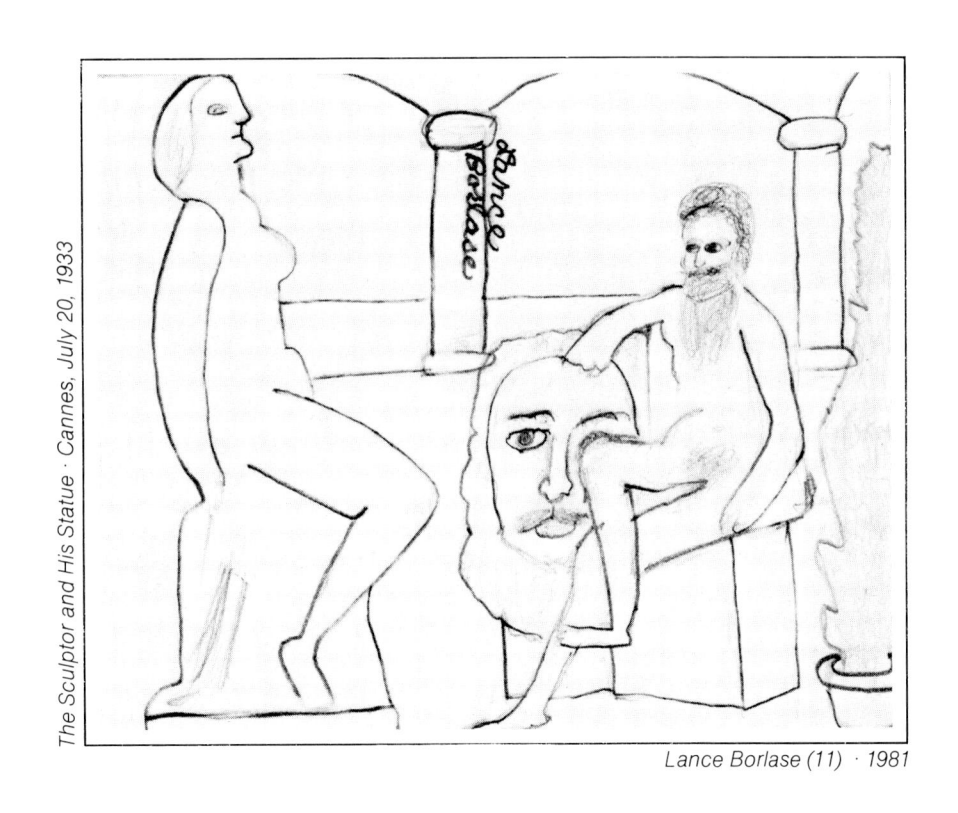

Lance Borlase (11) · 1981

The latest creation	*La dernière création*	*Die neueste Kreation*
Wrapped in his own thoughts	Absorbé par ses pensées	Tief in seine Gedanken versunken
Fascinated by his creativity	Fasciné par sa créativité	Hingerissen von seiner Schöpferkraft
An artist sits and stares intently	Un artiste est assis et regarde fixement	Sitzt ein Künstler und starrt gebannt
At his latest creation	Sa dernière création	Auf seine neueste Kreation

Macy Tatum (10)   Wesley Settle (11)   Paul Williams (9)   Eugene Albin (8)   Allyn Guffey (8)   Alex Gee (9) · 1981

Minotaurmachy · 1935

Victor Morris (12) · 1981

Picasso the minotaur

If all the ways I have been along
Were marked on a map and
Joined up with a line Picasso said
It might represent a minotaur
Picasso looked at himself
And glorified the beast in him

Picasso le minotaure

Si tous les chemins que j'ai suivis
Etaient notés sur une carte et
Rejoints par une ligne, dit Picasso
Cela représenterait un minotaure
Picasso se regardait
Et glorifiait la bête en lui

Picasso der Minotaurus

Wären alle Wege, die ich ging
Auf einer Karte verzeichnet
Und durch eine Linie verbunden, sagte Picasso
Käme das einem Minotauris gleich
Picasso betrachtete sich selbst
Und verherrlichte das Tier in sich

Anyika Allen (9) Shawn Speers (12) Chiquita Willis (12) Anna Maria Sahakian (10) Clara Pybus Campbell (12) Ricardo Rojas (10) · 1981

Painter and Model · Paris, 1928

Lance Borlase (11) · 1981

The self portrait	L'auto-portrait	Das Selbstporträt
An artist gazes at his model	Un artiste contemple son modèle	Ein Künstler starrt auf sein Modell
And sees himself	Et se voit	Und erblickt sich selbst
Her portrait becomes a self portrait	Son portrait devient un auto-portrait	Das Porträt wird zu einem Selbstporträt

Alex Gee (9)   Tatjana Terauds (9)   Allyn Guffey (8)   Niren Desai (10)   Allison Frazier (9)   Chiquita Willis (12)   Shawn Speers (12) · 1981

Bather With Beach Ball · Boisgeloup, August 30, 1932

Macy Tatum (9) · Sylvia Cano (10) · 1981

The mysterious being

A monstrous being
Leaping in the air
Plays a mysterious game
Which separates her from all the world
Would you believe this fantastic creature
Is the athletic Marie-Thérèse!
Funny or ugly?
You decide

La créature mystérieuse

Une créature monstrueuse
Sautant dans les airs
Joue à un jeu mystérieux
Qui la coupe du reste du monde
Croiriez-vous que cette créature fantastique
Est l'athlétique Marie-Thérèse!
Drôle ou laide?
A vous de décider

Das geheimnisvolle Wesen

Ein Ungeheuer
Das Luftsprünge macht
Treibt ein rätselhaftes Spiel
Das es absondert von der übrigen Welt
Würdest Du glauben
Daß dieses phantastische Geschöpf
Die athletische Marie-Thérèse ist?
Komisch oder häßlich?
Entscheide Du

Sylvia Cano (11) Amy Woodruff (10) Paul Williams (9) Anyika Allen (9) Alex Gee (9) Paige Buddeke (8) · 1981

Woman With a Flower · Boisgeloup, April 10, 1932

Regina Jacks (11) · Frederika Sargent (10) · 1981

The self deceiver

What happened to Marie-Thérèse?
She remained faithful to a distorted dream
It's not healthy
To confuse reality with fantasy . . .
On what would have been the eve of
Picasso's ninety-sixth birthday
She committed suicide

Trompée par elle-meme

Qu'arriva-t-il à Marie-Thérèse?
Elle resta fidèle à un rêve déformé
Il n'est pas bon
De confondre réalité et imagination . . .
La veille du jour qui aurait été
Le 96ème anniversaire de Picasso
Elle se suicida

Die Selbstbetrügerin

Was geschah mit Marie-Thérèse?
Sie blieb einem verzerrten Traume treu
Es ist ungesund
Wirklichkeit und Phantasie zu vermengen . . .
Am Vorabend des Tages, an dem Picasso
Sechsundneunzig geworden wäre
Beging sie Selbstmord

Regina Jacks (11) Paula Rojas (11) Shawn Speers (11) Chiquita Willis (12) Anna Maria Sahakian (10) · 1981

Bust Figure of a Woman · November 1936

Lisa Levin (11) · 1981

Picasso and Dora Maar

Her alluring eyes her expressive head
Attracted him . . .
Both as painter and a man
She spoke fluent Spanish as well as French
So Picasso could speak to her in his own language
This new relationship with Dora Maar marked
A new period in his work and life

Picasso et Dora Maar

Son regard séduisant son visage expressif
Attirèrent . . .
Autant le peintre que l'homme
Elle parlait couramment l'espagnol et le français
Picasso pouvait ainsi lui parler dans sa propre langue
Ces nouvelles relations avec Dora Maar marquèrent
Le début d'une nouvelle période
Dans son travail et dans sa vie

Picasso und Dora Maar

Ihre verführerischen Augen, ihr ausdrucksvoller Kopf
Fesselten ihn . . .
Sowohl als Maler, wie als Mann
Sie sprach fließend Spanisch und Französisch
So konnte Picasso
In seiner Muttersprache mit ihr reden
Diese neue Beziehung mit Dora Maar kennzeichnete
Eine neue Periode in seiner Arbeit und seinem Leben

Anyika Allen (9) Kristin Yeriazarian (8) Shaun Smith (8) Shawn Speers (11) Chiquita Willis (12) Alex Gee (9) Paige Buddeke (8) · 1981

Portrait of Dora Maar · Paris, October 9, 1942

Malynda Fairbanks (9) · 1981

Dora Maar

Fascinating and beautiful
Intelligent yet mysterious
Dora Maar loved danger . . .
And the most dangerous game
For her was Pablo Picasso

Dora Maar

Fascinante et belle
Intelligente et cependant mystérieuse
Dora Maar aimait le danger . . .
Et pour elle le jeu le plus dangereux
Fut Pablo Picasso

Dora Maar

Faszinierend und schön
Intelligent, doch rätselhaft
Liebte Dora Maar die Gefahr . . .
Und das gefährlichste Spiel für sie
War Pablo Picasso

Shaun Smith (8) Paul Williams (9) Regina Jacks (11) · 1981

Guernica

It was warm and sunny
Markets were open
Grandparents were with their grandchildren
Everyone was happy and full of laughter
Suddenly . . . the sound of war planes
Changed the scene into a screaming nightmare
Strafing planes were dropping bombs and hurling bullets
Terrified people were running into the fields
Picasso's Guernica is a mirror of war
He painted terror on canvas
And makes you feel with your eyes
The pain of war

Guernica · Paris, May 1 – June 4, 1937

Paige Buddeke (8) · Clara Pybus Campbell (12) · 1981

Guernica

Il faisait chaud et ensoleillé
Les marchés étaient ouverts
Les grands-parents étaient avec leurs petits-enfants
Chacun était heureux et plein de rires
Soudain . . . le bruit des avions de guerre
Changea la scène en un cauchemar hurlant
Des bombardiers lâchaient bombes et obus
Des gens terrifiés couraient dans les champs
Guernica de Picasso est un miroir de la guerre
Il a peint la terreur sur une toile
Et nous fait ressentir par les yeux
La souffrance de la guerre

Guernica

Es war warm und sonnig
Die Märkte waren offen
Großeltern waren mit ihren Enkeln unterwegs
Alle waren glücklich und lachten
Plötzlich . . . das Dröhnen von Kampfflugzeugen verwandelte
Die Szene in einen kreischenden Alptraum
Tiefflieger warfen Bomben und feuerten Geschosse
Entsetzte Menschen liefen in die Felder
Picassos Guernica ist ein Spiegelbild des Krieges
Er malte Entsetzen auf die Leinwand
Und läßt dich mit eigenen Augen
Die Qual des Krieges erleben

Clara Pybus Campbell (11) · 1980

Weeping Woman · Paris, October 26, 1937

Victor Morris (11) · Sylvia Cano (10) · 1981

Weeping woman

Weeping woman
Why do you weep?
What causes your pain and agony?
I weep for suffering humanity
The sobbing woman replied

La femme qui pleure

Femme qui pleure
Pourquoi pleures-tu?
Quelle est la cause
De ta douleur et de ton angoisse?
Je pleure pour l'humanité souffrante
Répondit la femme en sanglotant

Weinende Frau

Weinende Frau
Warum weinst du?
Was verursacht dir Schmerz und Qual?
Ich weine um die leidende Menschheit
Erwiderte die schluchzende Frau

The woman who weeps for herself

She is in the picture
She becomes the picture
She *is* the picture
Who is this weeping woman?
Dora Maar . . .
Who weeps for herself

La femme qui pleure sur ses malheurs

Elle est dans le tableau
Elle devient le tableau
Elle *est* le tableau
Qui est cette femme qui pleure?
Dora Maar . . .
Qui pleure sur ses malheurs

Die Frau, die sich selbst beweint

Sie ist im Bild
Sie wird das Bild
Sie *ist* das Bild
Wer ist diese weinende Frau?
Dora Maar . . .
Die sich selbst beweint

Weeping woman: *Amy Woodruff (10)   Chiquita Willis (11)* · 1980
The woman who weeps for herself: *Lance Borlase (11)   Tatjana Terauds (11)   Regina Jacks (11)* · 1981

Françoise en Soleil · June 15, 1946

Eugene Albin (8) · 1981

Françoise

Who was this charming
Twenty-two year old woman?
She was Françoise Gilot
To Picasso
She appeared like the sun after rain

Françoise

Qui était cette charmante
Femme de vingt-deux ans?
C'était Françoise Gilot
A Picasso
Elle apparut comme le soleil après la pluie

Françoise

Wer war diese reizende
Zweiundzwanzigjährige Frau?
Es war Françoise Gilot
Picasso
Erschien sie wie die Sonne nach dem Regen

Lisa Levin (11) Anyika Allen (9) Amy Woodruff (10) Chiquita Willis (12) · 1981

Woman-Flower · Paris, May 5, 1946

John Dora (12) · 1981

Femme fleur

Inspiration changed Picasso's new model
From a beautiful woman
Into an enchanted flower

Femme fleur

L'inspiration transforma
Le nouveau modèle de Picasso
De belle femme
En fleur enchantée

Femme Fleur

Inspiration verwandelte Picassos neues Modell
Von einer schönen Frau
In eine zauberhafte Blume

Esteban Rojas (8) Travis Osborne (9) Ricardo Rojas (10) Niren Desai (10) · 1981

Claude in Polish Costume · 1948

Shannon Hartgrove (11) · 1981

Claude

Claude . . . his second son . . .
Made Picasso
A Joyful Father at *sixty-five!*

Claude

Claude . . . son second fils . . .
Fit de Picasso
Un Père Heureux à *soi ante çinq ans!*

Claude

Claude . . . sein zweiter Sohn . . .
Machte Picasso
Zu einem glücklichen Vater mit *fünfundsechzig!*

Claude's birth

A black eyed baby
Who looked just like his father
Thrilled Picasso
He celebrated the birth of Claude
By giving the Louvre
Ten of his paintings

Naissance de Claude

Un enfant aux yeux noirs
Ressemblant tout à fait à son père
Emut Picasso
Il célébra la naissance de Claude
En donnant au Louvre
Dix de ses tableaux

Claudes Geburt

Ein schwarzäugiges Baby
Das ganz seinem Vater glich
Bewegte Picasso tief
Er feierte Claudes Geburt
Indem er dem Louvre
Zehn seiner Bilder schenkte

Claude: Tiffany Barnes (6) Bradley Porter (6) Erin Cowan (8) Jennifer Alexander (5) Anna Maria Sahakian (10) · 1981
Claude's birth: Cheryl Gorton (6) Hoda Ba-eshan (9) Daniel Lattimer (6) Marlene Shepherd (10) Kristin Yeriazarian (8) Amy Frazier (5) · 1981

Paloma With Her Doll · 1952

Victor Morris (12) · 1981

Paloma

In the spring
Françoise gave birth to a little girl
Picasso gave his daughter
The Spanish name Paloma . . . Dove

Paloma

Au printemps
Françoise donna naissance à une petite fille
Picasso donna à sa fille
Le nom espagnol de Paloma . . . Colombe

Paloma

Im Frühling
Gebar Françoise ein kleines Mädchen
Picasso gab seiner Tochter
Den spanischen Namen Paloma . . . Taube

Paige Buddeke (8) Amy Woodruff (10) Ricardo Rojas (10) David Ross (10) Alex Gee (9) · 1981

Mother and Children · 1951

Victor Morris (12) · 1981

Françoise and her children

A kind and loving mother
Gently holds her children
Claude and Paloma
As their father paints their picture

Françoise et ses enfants

Une mère tendre et bonne
Tient doucement ses enfants
Claude et Paloma
Tandis que leur père fait leur portrait

Françoise und ihre Kinder

Eine gute, liebevolle Mutter
Hält zärtlich ihre Kinder
Claude und Paloma
Während der Vater ihr Bild malt

Penni Russo (5) Tara Goodner (7) Amy Woodruff (10) Marie Williams (7) Wendy Williams (8) Anna Maria Sahakian (10) · 1981

Portrait of a Woman · 1946

Paula Rojas (11) · 1981

Françoise and Picasso

Art was the love of Pablo's life . . .
Women were only a pleasant diversion
Pretty and talented Françoise
Had a mind of her own . . .
She finally realized the truth of things
And left him all alone

Françoise et Picasso

L'art était l'amour de la vie de Picasso . . .
Les femmes n'étaient qu'une diversion plaisante
La jolie et talentueuse Françoise
Avait des idées bien à elle . . .
Elle finit par réaliser la vérité des choses
Et le laissa tout seul

Françoise und Picasso

Kunst war die Liebe in Pablos Leben . . .
Frauen waren nur eine vergnügliche Zerstreuung
Die hübsche und talentierte Françoise
Hatte ihren eigenen Kopf . . .
Schließlich erkannte sie die Wahrheit
Und ließ ihn allein

Shawn Speers (11)   Rachel Schultheis (11)   Allison Frazier (9)   Paula Rojas (11) · 1981

Sylvette XIII · 1954

Joshua Horn (6) · 1981

Sylvette and Picasso

Françoise and the children
Had left for Paris
Picasso was very upset
For the first time
A woman had abandoned him
Art overcame his disappointment
He found Sylvette
Who, accompanied by her fiancé
Posed for Picasso on many occasions

Sylvette et Picasso

Françoise et les enfants
Etaient partis pour Paris
Picasso était très bouleversé
Pour la première fois
Une femme l'avait abandonné
L'art triompha de sa déception
Il rencontra Sylvette
Qui, accompagnée de son fiancé
Posa pour Picasso en de nombreuses occasions

Sylvette und Picasso

Françoise war mit den Kindern
Nach Paris gefahren
Picasso war außer sich
Zum ersten Mal hatte ihn
Eine Frau verlassen
Seine Kunst half ihm über seine Enttäuschung hinweg
Er fand Sylvette
Die in Begleitung ihres Verlobten
Viele Male Picasso Modell saß

Sylvette

Young and pretty
Happy and kind
Sylvette was special to Picasso

Sylvette

Jeune et jolie
Heureuse et aimable
Sylvette avait une place particulière
Dans le cœur de Picasso

Sylvette

Jung und hübsch
Glücklich und freundlich
Sylvette war etwas Besonderes für Picasso

Sylvette and Picasso: *Anyika Allen (9) Paige Buddeke (8) Kristin Yeriazarian (8) · 1981*
Sylvette: *Allison Frazier (9) Kristin Shaw (5) Kimberly Hefley (5) Chastyne Blacklock (5) Just Robinhawk (6) Andrea Umstead (5) · 1981*

Jacqueline aux Fleurs · Vallauris, June 2, 1954

Shawn Speers (11) · 1981

Jacqueline and Pablo

She very quickly took control
Of Pablo and enjoyed it
Her every thought
Revolved around him

Jacqueline et Pablo

Elle acquit rapidement de l'autorité
Sur Pablo et cela lui plut
Ses moindres pensées
Tournaient autour de lui

Jacqueline und Pablo

Sehr bald schon hatte sie Pablo
In ihrem Bann und es machte ihr Spaß
Jeder ihrer Gedanken
Kreiste um ihn

Shawn Speers (11) · 1981

Portrait of Jacqueline · July, 1955

Ricardo Rojas (10) · Estaban Rojas (8) · John Sahakian (12) · 1981

Jacqueline

Model and inspiration for many years
Jacqueline became Pablo's wife on March 2, 1961
She remained at his side
Guarding his peace and quiet
Until his death

Jacqueline

Après avoir été son modèle et son inspiration
Pendant de nombreuses années
Jacqueline devint la femme de Picasso le 2 Mars 1961
Elle resta à son côté
Défendant sa paix et sa tranquillité
Jusqu'à sa mort

Jacqueline

Modell und Muse durch viele Jahre
Wurde Jacqueline am 2. März 1961 Pablos Frau
Sie blieb an seiner Seite
Und hütete seinen Frieden und seine Ruhe
Bis zu seinem Tod

Paula Rojas (11)   Julia Hart (11)   David Ross (10)   Ricardo Rojas (10)   Chiquita Willis (12) · 1981

Self-Portrait · August 1940

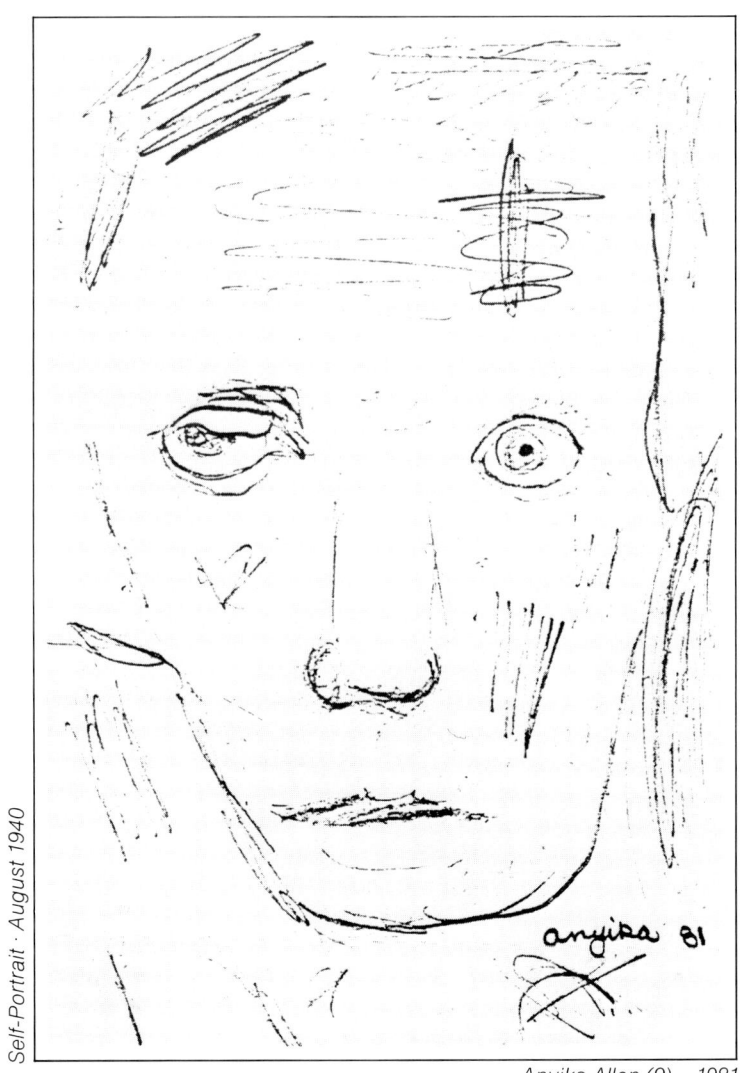

Anyika Allen (9) · 1981

The life

Inexhaustible creative energy!
Picasso worked until the day he died
Which is to say he *lived* until April 8, 1973
When death came at ninety-one

La vie

Energie créatrice inépuisable!
Picasso travailla jusqu'au jour de sa mort
Ce qui signifie qu'il *vécut* jusqu'au 8 Avril 1973
Quand la mort vint à soixante-onze ans

Das Leben

Unermüdlich schöpferische Tatkraft!
Picasso arbeitete bis zu dem Tag, an dem er starb
Das heißt er *lebte* bis zum 8. April 1973
Als ihn der Tod ereilte, mit einundneunzig

Wesley Settle (11)   Alex Gee (9)   Amy Woodruff (10)   Allen Guffey (8) · 1981

La Infanta · 1957

Anyika Allen (9) · 1981

La infanta

A painting is a sum of destructions
Said Picasso
Stimulated by the masters of the past
He recreated their work
With his technique of destruction
And changed what was once
Recognized and revered as beauty
Into a distorted deformed unhuman thing

L'infante

Un tableau est une somme de destructions
Disait Picasso
Stimulé par les maîtres du passé
Il recréa leur œuvre
Avec sa technique de destruction
Et changea ce qui était autrefois
Reconnu et révéré comme beauté
En chose inhumaine tourmentée et difforme

Die Infantin

Ein Gemälde ist eine Summe von Zerstörungen
Sagte Picasso
Angeregt von den alten Meistern
Schuf er ihr Werk
Mit seiner Technik der Zerstörung neu
Und verwandelte, was einst
Als Schönheit anerkannt und verehrt worden war
In ein entstelltes, unförmiges, entmenschtes Etwas

Victor Morris (12)   Amy Woodruff (10)   Paige Buddeke (8)   Todd Frazier (11)   Anna Maria Sahakian (10) · 1981

The Studio · 1954

Chiquita Willis (12) · 1981

Pablo Picasso

For Picasso
Art expressed everything
Art was his life
And his life was his Art

Pablo Picasso

Pour Picasso
L'art exprimait tout
L'art était sa vie
Et sa vie était son Art

Pablo Picasso

Für Picasso
Drückte Kunst alles aus
Kunst war sein Leben
Und sein Leben war seine Kunst

Paige Buddeke (8)   Amy Woodruff (10)   Anyika Allen (9)   Alex Gee (9)   Ricardo Rojas (10)   Shawn Speers (12) · 1981

129

Fernande Oliver: Portrait of Picasso · ca. 1908

Allison Frazier (9) · 1981

The age of Picasso	*L'epoque de Picasso*	*Das Zeitalter Picassos*
Picasso spells Art	Picasso signifie Art	Picasso prägt Kunst
Startling innovations	Innovations saisissantes	Aufsehenerregende Neuerungen
Rough translations	Traductions grossières	Grobe Umsetzungen
Fantastic experiments	Expériences fantastiques	Phantastische Experimente
Created the legend of Picasso	Créèrent la légende de Picasso	Schufen die Legende von Picasso

David Ross (10) Lance Borlase (11) Julia Hart (11) Paula Rojas (11) Chiquita Willis (12) · 1981

Cocteau: Portrait of Picasso as L'oiseau du Benin

Lisa Levin (10) · 1981

Picasso the incredible

Picasso never had *one* style
No single idea
Ever held him captive for long
When he had wrung a new found interest dry
He abandoned it
For some new possibility

Picasso l'incroyable

Picasso n'eut jamais *un seul* style
Il ne fut jamais longtemps prisonnier
D'une idée unique
Quand il avait tiré le maximum d'un intérêt nouveau
Il l'abandonnait
Pour une nouvelle possibilité

Picasso der Unglaubliche

Picasso hatte nie bloß *einen* Stil
Nie fesselte ihn
Ein Gedanke für lange Zeit
Wenn ein eben noch neues Interesse
Ausgeschöpft war
Wurde es fallen gelassen
Zugunsten einer neuen Möglichkeit

Rachel Schultheis (11) Julia Hart (11) Anyika Allen (9) Allison Frazier (9) Paula Rojas (11) Chiquita Willis (12) Amy Woodruff (10) · 1981

Max Jacob: Portrait of Picasso · ca. 1914

Anyika Allen (9) · 1981

Picasso the chameleon

For Picasso
Yesterday's paintings held no interest
Because yesterday was the past
What enticed him was tomorrow
For tomorrow was change
A brand new day of life and art

Picasso le caméléon

Pour Picasso
Les tableaux d'hier ne présentaient aucun intérêt
Car hier était le passé
Il était attiré par le lendemain
Car demain était le changement
Un jour tout neuf de vie et d'art

Picasso das Chamäleon

Für Picasso
Waren Bilder von gestern uninteressant
Denn gestern war Vergangenheit
Ihn lockte das Morgen
Denn morgen war Veränderung
Ein völlig neuer Tag des Lebens und der Kunst

Paige Buddeke (8)   Anyika Allen (9)   Estaban Rojas (8)   Kristin Yeriazarian (8)   Ricardo Rojas (10) · 1981

Derain: Portrait of Picasso · 1908

Clara Pybus Campbell (12) · 1981

Fame and emptiness

If you do not give of yourself
You will never know love
Pablo was loved and adored
By many poets, artists and women
Yet he was the loneliest of men
The word for not sharing is
ALONE

La rénommée et le vide

Si vous ne donnez pas de vous-même
Vous ne connaîtrez jamais l'amour
Pablo était aimé et adoré
De plusieurs poètes, artistes et femmes
Cependant il était le plus seul des hommes
Ne pas partager signifie être
SEUL

Ruhm und Leere

Wer nichts von sich an andere gibt
Wird Liebe nie erfahren
Pablo wurde geliebt und verehrt
Von Dichtern, Künstlern und Frauen
Trotzdem war er der einsamste Mensch
Das Wort für nicht teilen heißt
ALLEIN

Shawn Speers (12) Lance Borlase (11) Paula Rojas (11) Chiquita Willis (12) Niren Desai (10) Clara Pybus Campbell (12) · 1981

Cover design for "Minotaure" · Paris, May 1933

Alex Zhukoborsky (12) · 1981

Man or beast?

Love is not a vain word
When man is not convinced of this
Does not try to attain this
He lowers himself to the level of a beast

L'amour n'est pas un vain mot
L'amour n'est pas un vain mot
L'homme qui n'en est pas convaincu
N'essaie pas d'y parvenir
Il s'abaisse au niveau d'une bête

Mensch oder Tier?
Liebe ist kein leeres Wort
Wer nicht daran glaubt
Und danach strebt
Erniedrigt sich zum Tier

Chiquita Willis (12) Paula Rojas (11) Anyika Allen (9) Rachel Schultheis (11) Regina Jacks (11) · 1981

Head · 1969

Victor Morris (12) · 1981

Secrets revealed

Everyone creates in his own image
The words you use
The notes you compose
The pictures you paint
Tell *all* . . .
As Picasso said
For those who can read the language
I have painted my autobiography

Secrets révélés

Chacun crée à sa propre image
Les mots qu'il emploie
Les notes qu'il compose
Les peintures qu'il peint
Racontent *tout* . . .
Comme disait Picasso
Pour ceux qui comprennent la langue
J'ai peint mon autobiographie

Enthüllte Geheimnisse

Jeder schafft nach seiner eigenen Vorstellung
Die Worte, die du gebrauchst
Die Zeilen, die du schreibst
Die Bilder, die du malst
Sagen *alles* . . .
Wie Picasso sagte
Für die, welche die Sprache lesen können
Habe ich meine Autobiographie gemalt

Rachel Schultheis (12) Paige Buddeke (9) Malynda Fairbanks (10) Karima Verdal (12) · 1982

Love and friendship
Make people happy
And when people are happy
They learn more

Amour et amitié
Rendent les gens heureux
Et lorsqu'ils sont heureux
Ils apprennent plus de choses

Liebe und Freundschaft
Machen Menschen glücklich
Und wenn Menschen glücklich sind
Lernen sie mehr

Hands and flowers
Anna Maria Sahakian (10) · 1981

Julie Laub (10) · 1980

DER KRITIKER: Vergißt man, wenn man erwachsen wird?
John Canaday

Nachdem ich ziemlich viel Zeit aufgewendet habe, um die poetischen Kommentare der Schüler der Wilhelm Scholê über Picasso und seine Freunde zu lesen, bin ich überzeugt, daß diese Kinder besser über mich schreiben könnten als ich über sie. Ihre typische Vorgangsweise: Ein paar kurze beschreibende Einführungszeilen, um unsere Wachsamkeit einzuschläfern, gefolgt von einer abschließenden Zeile, die so zart sein kann wie eine Liebkosung, aber öfter die Form eines Schlages in den Solarplexus des erwachsenen Intellektuellen annimmt. Sie sind sehr aufgeweckte, gescheite Leute diese Kinder. Ich habe das unangenehme Gefühl, daß eben jetzt ein selbstbewußter Neun- oder Zehnjähriger hinter mir steht und einen Text wie den folgenden verfaßt:

> Am Schreibtisch sitzt der Kritiker
> Und starrt auf seine Schreibmaschine
> Er soll über uns schreiben
> Er fragt sich: Wie?
> Unser Tun ist ein Problem für ihn
> Warum?
> Vergißt man, wenn man erwachsen wird?

Wir vergessen wirklich, aber die Erinnerung an unsere frühen Jahre, die durch die Tätigkeit dieser Kinder heraufgerufen wird, hat wenig zu tun mit dem falschen Bild, das wir von unserer eigenen Unschuld zurückbehalten haben. Unschuld von damals: Mit großen, erstaunten Kinderaugen blickten wir auf das Treiben der Welt, ein Verhalten, das heute mit dem vierten Lebensjahr oder früher aufhört. Die Allgegenwart der Multimedien trübt die Unschuld bald.
Aber warum sagen wir „trübt"? Über einen gewissen Punkt hinaus ist die Unschuld keine besonders wünschenswerte Eigenschaft, ausgenommen dort, wo sie Reaktionen auf die Welt zur Folge hat, die unbehindert sind von den Konventionen und bedingten Reflexen, die uns auferlegt werden, wenn wir heranwachsen. Die Reaktionen, die in den Gedichten der Wilhelm Scholê zum Ausdruck kommen, sind nicht unschuldig; sie sind ursprünglich, was absolut nicht dasselbe ist.
Die Kinder, die diese Gedichte geschrieben und diese Variationen auf die Werke Picassos und seiner Freunde gezeichnet haben, gehören der ersten Generation an, welche die moderne Kunst total angenommen hat. Selbst ihre Väter und Mütter werden sich der Zeit erinnern – in den fünfziger und sechziger Jahren – als Picasso als ein anerkannter Neuerer betrachtet wurde, aber kaum als das historische Monument, das er heute geworden ist. Magazine, Illustrierte, Film, Fernsehen und alle die andern Formen der Massenkommunikation in unserer Zeit der Multimedien haben den Kubismus für die jetzt heranwachsende Generation so vertraut gemacht, wie der Impressionismus für ihre Eltern war, als sie im gleichen Alter standen.
Was ich interessant finde ist, daß selbst die abstraktesten Malereien von dieser sehr jungen Generation als Bilder anerkannt werden. Ein gängiger Satz, wenn man Verständnis für moderne Kunst wecken wollte, lautete: „Ein Gemälde ist *nicht* ein Bild von etwas." Mit einem Bild eine Geschichte erzählen zu wollen, war tabu; die Anwendung ästhetischer Theorien war das einzige legitime Ziel der Malerei. Ich habe den Verdacht, daß Puristen unter den Kritikern, als Überbleibsel jener Einstellung, gegen die freien Kopien, welche diese jungen Leute von den Gemälden und Zeichnungen Picassos gemacht haben, einwenden werden, daß sie von ihnen als erzählte Geschichten betrachtet wurden und nicht als ästheti-

sche Äußerungen von der Art, der Picasso seine historische Vergöttlichung verdankt. Ob die Zerschlagung konventioneller Techniken für Picasso, als Mittel sich selbst auszudrükken, notwendig war, oder ob seine persönliche Emotionalität so stark war, daß er die Darstellung ästhetischer Theorien durchbrechen mußte, mag jeder sich selbst fragen. Was die von den Schülern der Wilhelm Scholê erarbeitete Biographie Picassos in Wort und Bild anbelangt, ist diese Frage offenbar bedeutungslos. Im Einklang mit der holistischen Einstellung der Schule zur Erziehung sind Leben und Kunst Picassos und unsere Reaktionen darauf aus einem Guß, mit integrierenden Ausweitungen in das unendliche Feld der Erfahrung im allgemeinen – der unseren und der der jungen Autoren.

20. November 1981
New York

DER LEHRER: Zur Kunst des Lehrens
Marilyn E. Wilhelm

„Kunst ist die Darstellung, Wissenschaft die Erklärung der gleichen Realität", sagte Herbert Read. Wir sind seiner Meinung; deshalb gibt es in der Wilhelm Scholē keinen Unterschied in unserer Einstellung zu diesen Dingen oder in unserer Methode, sie zu lehren. Man kann die gesamte Struktur unseres Lehrplanes als holistische Erziehung bezeichnen, weil sie nicht in unzusammenhängende Abteilungen zerfällt: Die Künste, die Wissenschaften und die klassische Philologie sind dauernd ineinander verwoben und bringen so eine *Einheit* in alle unsere Studien. Unsere Schüler, die eine Gleichheit in allem was ungleich scheint, entdecken, machen Sprünge der Intuition, die zum Verstehen führen und das Auffassungsvermögen verbreitern und verfestigen. Zugegeben, Intuition ist nicht jedem Schüler zu eigen, aber wir Erzieher können Intuition *wecken* und nähren und somit eine *erlernbare Intuition* entwickeln. Wie? Indem wir die Unterrichtsfächer nicht als ein Konglomerat aus voneinander getrennten Teilen, sondern als integrierte Teile eines unteilbaren Ganzen darstellen.

Wir legen großen Wert auf die Sprache. Wir glauben, daß fast jedes Kind imstande ist, alles zu verstehen. Aber ohne Sprache ist das Verstehen begrenzt, und das wiederum schmälert die Fähigkeit, klar und schöpferisch zu denken.

Jede Klasse unserer Schule beschäftigt sich in besonderem Maße mit der Sprache. Wir schlagen dauernd Wörter nach (jedes Kind hat sein eigenes Wörterbuch), schreiben Gedichte oder stellen unabhängig voneinander Untersuchungen an, schreiben Berichte, die die Schüler dann mit anderen Klassen austauschen. Wir glauben, daß Lesen, Schreiben und Sprechen gleich wichtig sind. Auf diese Weise wird das Kind zu einem gewandten Umgang mit der Sprache geführt.

Außerdem glauben wir, daß das Kind schon in einem sehr frühen Alter lernen sollte, daß alles im Leben und alles, was man in der Schule lernt, in einer schönen Sprache ausgedrückt werden kann. Ein Gedicht über Einstein ist bezeichnend, wie unsere Schüler ihre eigenen Entdeckungen in Worte zu fassen und den zentralen Begriff eines Gegenstandes in poetischer Form zu formulieren vermögen:

Einstein, ein höchst ungewöhnlicher Versager

Aus dir wird nie etwas werden
Sagte der Lehrer
So lernte der ungewöhnlichste Versager
In der Geschichte der Wissenschaft
Indem er sich selbst lehrte
Seine Vorstellungskraft
Veränderte Raum und Zeit
Die Schwerkraft biegt das Licht
Verlangsamt die Zeit
Und krümmt den Raum, sagte er
WELCH EINE VORSTELLUNGSKRAFT!
John Dora (10)

Nur ein Dichter kann so viel in so wenigen Worten aussagen! Das Wichtige dabei ist, daß die Schüler sich diese wesentlichen Vorstellungen in einer poetischen Form einprägen und das Wissen darum ihr ganzes Leben erhalten bleibt.

Kommen Sie nun mit mir in einige Klassen und sehen Sie, wie unsere Schule funktioniert, als eine Einheit wie die Natur, wo jedes Ding alles andere beeinflußt. In jeder Klasse, in die Sie eintreten, werden Sie hören, daß man entweder über Mathematik redet oder über Musik und Kunst diskutiert; oder über Geschichte, Geographie und Heilkunde spricht; Sie werden eine oder mehrere Fremdsprachen hören. Wir reißen die künstlichen Trennwände nieder, die unserer Gesellschaft durch die Spezialisierung aufgezwungen werden. Unsere Kinder lernen, daß der Mensch ein Ganzes ist, daß jedes Stück Wissen nur ein Zeichen für etwas unendlich Größeres ist; daß ebenso wie kein Mensch eine Insel ist, auch kein Tatbestand eine isolierte, unabhängige Chiffre in der großen Gesamtheit des Wissens darstellt. Gerade durch diese Mischung von Analogie und Kontrast gelangen unsere Schüler vom Wissen zum Verstehen.

Die 100. Wiederkehr von Albert Einsteins Geburtstag regte unseren abenteuerlichen Gang in die künstlerische und geistige Schöpferkraft des 20. Jahrhunderts an. Physik, Kunst, Musik, Architektur, Naturwissenschaft, Technik und Literatur wurden im Zusammenhang von Vergangenheit und Gegenwart gesehen, als parallele Entwicklung, die auf manche Weise miteinander verknüpft ist. Bald begannen wir sie alle nicht als ein Durcheinander, sondern als ein Gesamtbild zu sehen, in dem Ordnung, Form, Plan und Kontinuität herrschen und siehe da: Gebäude, Kunstwerke, Schrifttum, Entdeckungen in Wissenschaft und Technik wurden nicht nur verstanden, sondern auch richtig gewürdigt und *genossen*.

Aus unseren Studien ergab sich, daß die Künstler nach der verborgenen inneren Struktur der sichtbaren Dinge suchten und damit beschäftigt waren, die Aussage von Raum und Perspektive in der Kunst neu zu bestimmen, während die Wissenschaftler um das Wissen um die verborgene innere Struktur des Atoms kämpften und damit beschäftigt waren, ein neues und aufregendes Konzept des Weltraums zu erstellen. Gleichzeitig suchten die Komponisten nach der wahren Natur ihrer Kunst und veränderten unseren Sinn für Klang und Rhythmus völlig. Unsere Studien korrigierten den Irrtum, daß Wissenschaft und Kunst gesonderte Tätigkeiten seien. Denn jetzt sahen wir, wie Wissenschaft, Kunst und Musik Hand in Hand die Art veränderten, in der wir gewohnt waren zu hören, zu sehen und die Welt und uns selbst zu betrachten. Das heißt, daß Strawinsky, Schönberg, Satie, Bartok, Cézanne, Picasso, Planck, Einstein, Heisenberg, Schrödinger alle gleich wichtige Rollen in einem Drama spielten, das auf unserer Bühne in der Wilhelm Scholê abrollte. Unsere Schüler lernen, daß keine Tätigkeit des Menschen ein isoliertes Phänomen ist.

Zum Beispiel: „Um Cézanne zu verstehen", sagte Metzinger, „muß man den Kubismus voraussehen." Wir geben ihm recht und fügen hinzu: Um Cézanne zu verstehen, muß man den Kubismus voraussehen und Relativität sehen. Relativität sehen? Ja! Ausgehend von Cézanne werden sich unsere Schüler der Schönheit von Einsteins Theorien, der Physik, der Kunst und der Musik des 20. Jahrhunderts bewußt.

Wie kann man die Relativität in Cézannes Landschaften *sehen?* Unsere Kinder lernten, daß die Maler von der Renaissance bis Cézanne von einem zentralen Punkt aus arbeiteten: der Beschauer ist ein Teil des Raumes, wir werden eingeladen, in das Bild einzutreten und vom Vordergrund in die entfernte Landschaft dahinter zu wandern.

In den Bildern Cézannes gibt es keinen Fluchtpunkt, weil er die Perspektive umgekehrt und eine frontale Ansicht verwendet hat. Es gibt keinen zentralen Punkt, keinen Einstieg in das Bild. Es muß mit den Augen allein durchwandert werden. Cézanne wollte die Welt *objektiv* sehen, um in die Wirklichkeit einzudringen, die sich nicht verändert. Wie der orientalische Künstler erreicht er sein Ziel, indem er das „Ich" aus der Szene entfernt, denn Cézanne sagt selten „ich". Da es keinen fixen Blickwinkel gibt, wissen wir nicht, wo wir sind, aber wir wissen, daß wir überall in seinen Bildern sind. Damit bestätigt Cézanne visuell Einsteins Theorie: Kein Beobachter, keine Ortung.

Jetzt stellen Sie sich ein Stilleben von Cézanne vor. Die Frucht auf der rechten Seite des Tisches ist in Augenhöhe gemalt, die in der Schüssel aus der Perspektive von oben und die Frucht links von unten. Cézanne versuchte, die Gegenstände aus dem besten Gesichtswinkel zu malen und für unsere Schüler demonstrierte er gleichzeitig Einsteins Relativitätstheorie: Alles ist relativ zum Blickwinkel des Beobachters und was du siehst und was ich sehe, hängt von unserem Standort und von unserer Geschwindigkeit ab.

Für Einstein war der Kosmos ein in sich geschlossenes Ganzes, in dem alle einander durchdringenden Prinzipien am Werk sind. Pythagoras, der Erste, der das Universum als „Kosmos" bezeichnete, definierte diesen Begriff als „Ordnung, ein Gefühl der Einheit zwischen dem, der beobachtet und der Sache, die beobachtet wird." Einsteins Relativitätstheorie war ein gewaltiger Fortschritt in der Einheit, wie Pythagoras sie gesucht hatte; und Cézannes gerahmter Kosmos wiederum illustriert wunderbar das intuitive Gefühl der Einheit des Pythagoras. Mit Einsteins Theorie und Cézannes Kosmos begann sich unser Realitätsbewußtsein und unser Gefühl für die Einheit des Universums zu entwickeln.

Ich kann nicht umhin zu erwähnen, daß im Altertum Glaube, Philosophie und Wissenschaft nicht getrennt waren. Glaube und Wissenschaft waren, wie man in der Physik sagt, keine einander widersprechenden, sondern komplimentäre Begriffe, die einander ergänzten. Pythagoras zum Beispiel, das erste Genie der westlichen Welt, war nicht nur Mathematiker, sondern auch geistiger Führer. Er lehrte, daß Zahlen und geometrische Formen die letzte Realität darstellen, die unsichtbaren Gesetze, die Leben und Harmonie bedeuten und daher die Offenbarung einer höheren Realität sind.

In demselben Geist stimmte Einstein mit Spinoza in dem Glauben überein, daß das Verständnis für die Geheimnisse von Raum und Zeit der Beginn eines höheren Verständnisses sei: „Die strukturellen und funktionellen Gesetze des Universums und Gott sind ein und dieselbe Realität."

Ähnlich das Denken des Ostens: „Alle Dinge sind eins." Es gibt kein getrenntes oder unabhängiges Sein. Die ganze Natur ist eine Einheit und diese kosmische Einheit ist Gott.

Wie paßt Cézanne in diesen Aspekt unserer Studien? Stimmen seine künstlerischen Theorien mit den Gedanken und Entdeckungen des Pythagoras, des Orients und der Physiker des 20. Jahrhunderts überein? Ja! Weil der Künstler, der Mathematiker, der Philosoph und der Physiker, die jeder für sich die wunderbare Einheit in der Vielfalt der Natur suchen, übereinstimmen und die Welt im Sinne von Bewegung, Fließen und Veränderung auffassen.

Die Vereinheitlichung von Masse und Energie war eine der wesentlichen Folgerungen von Einsteins Relativitätstheorie. Sie besagte, daß Materie nichts anderes ist als eine Form von Energie. Also sehen Physiker die Bestandteile dieser Welt, das heißt, die Partikel als dynamische Formen von Aktivitäten und im Gang befindlichen Prozessen an. Ähnlich malte Cézanne die Form als einen im Gang befindlichen Prozeß. Und so wie Masse und Energie in der Physik eine untrennbare Einheit bilden, sind das Strukturprinzip und das dynamische Prinzip der Bewegung im Farbaufbau bei Cézanne eine untrennbare Einheit. Und weil sie eins sind, schafft Cézanne ein lebendiges Gefühl von Realität und wir empfinden den Rhythmus von Wachstum, Strömen und Veränderung. Wieder verbinden wir Cézannes Gedanken mit denen des Ostens, denn im Orient war das Ziel der Kunst immer, ewige Wahrheiten zu vermitteln, das Leben in Bewegung darzustellen, die Menschen in Harmonie mit der Natur zu versetzen. Tatsächlich ist Cézanne, vom Grashalm bis zu den Wolken am Himmel, die er malt, den orientalischen Künstlern erheblich näher als den westlichen, die ihm vorangingen, denn die Landschaftsmalerei war für Cézanne wie für die Orientalen ein Akt der Anbetung, eine Verehrung der Natur. In China galten die großen Landschaftsmaler ja auch als geistige Lehrer. Die Aussage ihrer Kunst ist eine tiefe Liebe zur Natur und vermittelt dieses erhabene Gefühl des Eins-Seins mit der Natur, das Cézanne so bewegend in seinen Landschaften dargestellt hat. André Breton, der das Spirituelle wie das Intellektuelle in der Malerei Cézannes erkannt und verstanden hat, nannte sie mit Recht „Landschaften mit Glorienschein".

Wenden wir uns der Musik zu. Schönbergs Entschluß, die Tonalität zu verlassen und die Musik in einen „freien tonalen Raum" zu entlassen, in dem er die Harmonie als eine Beziehung aller Töne zueinander erkannte, statt als eine Abhängigkeit aller Töne von einer einzigen Tonart, gleicht damit Cézanne und Picasso, die den zentralen Bezugspunkt in der Malerei abgeschafft haben.

Schönbergs berühmtes Zwölftonsystem, geschrieben unter dem Prinzip der Nicht-Wiederholbarkeit und ausgerichtet um eine gewählte Ordnung der zwölf Töne der chromatischen Skala, wird manchmal umgekehrt, senkrecht gestellt und im Rhythmus verändert. „Es gibt kein absolutes Unten, rechts oder links, vorwärts oder rückwärts", sagte Schönberg. „Das könnte Einstein gesagt haben", rief einer unserer Schüler aufgeregt aus. Ja, in der Tat. Wenn man Schönbergs geordnete, aber sich nicht wiederholende Anordnung der Töne mit der Biologie vergleicht, kommt man zum aperiodischen Kristall. Es ist anzunehmen, daß das Leben selbst im Prinzip verständlich wird durch die Bewegung von Atomen. Erwin Schrödinger erklärte, daß der genetische Code, der Wachstum, Form und Struktur eines lebenden Organismus bestimmt, von Molekülen getragen wird, die aus aperiodischen Kristallen bestehen.

Ein aperiodischer Kristall, so wie Schrödinger den Begriff verstand, ist eine Anordnung von Atomen, die fest begrenzt, geordnet und stabil ist (wie in einem gewöhnlichen Kristall), die aber (im Gegensatz zu einem gewöhnlichen Kristall) keine Wiederholung einer kleineren Einheit enthält. Mit anderen Worten, ein aperiodischer Kristall ist eine geordnete, aber sich nicht wiederholende Anordnung von Atomen.

Physik wird durch Bilder verständlich. Einsichten hängen von der Vorstellungskraft ab. Das Ergebnis von Analogie und Konstrast ist die Vorstellung, daß alle Künste und Wissenschaften nur verschiedene Aspekte der gleichen Realität sind.

Kehren wir zur Musik zurück. Cézanne und Picasso waren Strawinskys Lieblingsmaler. In ihrer Kunst erkannte er seine eigenen ästhetischen Ansichten wieder, denn ebenso wie Picasso das scheinbar Primitive ins Progressive umwandelte, bemühte sich Strawinsky, die asymmetrischen Tonarten gewisser Arten von primitiver Musik seiner Musik einzuverleiben. Die Welt russischer Folklore und der Geist russischer Volkskunst kommen eindrucksvoll im „Frühlingsopfer" (sacre de printemps) zum Ausdruck, wo Asymmetrie herrscht, wo ständig wechselnde und verschiedene Rhythmen gleichzeitig vorkommen und an Picassos „Demoiselles d'Avignon" denken lassen, das Bild, das von manchen als das gemalte „Frühlingsopfer" bezeichnet wurde. Die Figuren auf diesem kühnen und neuartigen Gemälde sind Bewohner eines Flachlandes. Es gibt keinen zentralen Beziehungspunkt. Es gibt keine Perspektive, und weil es keine Perspektive gibt, scheinen die Figuren sowohl durch die Zeit, als auch durch den Raum zu wandern. Leo, der Bruder von Gertrude Stein, machte die interessante Bemerkung, daß Picasso versucht habe, die vierte Dimension zu malen.

Dies erinnert mich, wie es zu der Übung „Picasso und seine Freunde" kam.

Eines Tages unterrichtete ich in einer Klasse über Picasso. Wir sahen uns die „Demoiselles d'Avignon" an und sprachen darüber, wie sehr Picasso in der Einführung vieler Kunstformen des 20. Jahrhunderts führend gewesen war. Das Gespräch führte zu der richtigen Art, an neue Formen der Kunst oder an neue Ideen heranzugehen und sie zu verstehen. Ich regte an, daß eine der besten Arten, an diese Dinge heranzugehen, wäre, sich zu bemühen herauszufinden, was der Künstler zu sagen versuchte und wodurch er angeregt wurde, es zu sagen. Je mehr wir über ein Thema wissen, desto leichter ist es, sich mit ihm in Beziehung zu setzen und es schließlich zu verstehen. Nachdem man sich mit dem Gesichtspunkt des Künstlers bekannt gemacht hat, muß man zusehen, ob das Werk einem etwas sagt. Ich erinnerte an die Bemerkung Gertrude Steins über ihre ersten Begegnungen mit Kunst: „Mit Bildern ist es merkwürdig; ein Bild kann einem zuerst völlig fremdartig vorkommen und nach einiger Zeit erscheint es nicht nur nicht mehr fremdartig, sondern man begreift gar nicht, warum es einem fremdartig vorgekommen ist." Keith, ein sechsjähriger Schüler, meldete sich und sagte: „Ms. Wilhelm, ich weiß genau, was Gertrude Stein meinte, denn mir ist es mit diesem Bild genauso ergangen." Er zeigte auf die „Demoiselles d'Avignon". „Zuerst erschien es mir sehr fremdartig und dann, plötzlich, veränderte sich das Bild und war auf einmal nicht mehr fremdartig."

Ich konnte ein Lächeln nicht unterdrücken. „Keith", sagte ich, „das Bild hat sich nicht verändert. Du hast dich verändert!"

Vielleicht erschien Keith das Bild weniger fremdartig, als er erfuhr, daß Picasso, während er die „Demoiselles" malte, sein Interesse an Cézannes volumetrischer Auffassung von Form, Aufbau und Raum erneuert hatte und sich von der späten Serie der „Badenden" von Cézanne — Studien von nichtidealisierten und unsinnlichen Akten in der Landschaft — inspirieren ließ. Während Picasso die „Demoiselles" malte, machte ihn Matisse auch mit Skulpturen der Neger und mit afrikanischen Masken bekannt. Beide Künstler bewunderten an den Negerskulpturen die primitive Vitalität, die Klarheit der Struktur und die Einfachheit der Technik. Picassos Begeisterung kommt in den beiden Figuren auf der rechten Seite des Bildes zum Ausdruck, während die drei Figuren links den Einfluß der iberischen Skulptur zeigen.

Die „Demoiselles d'Avignon", ein Markstein in der modernen Kunst, bezeichnen den Beginn einer neuen Kunstform, des Kubismus, ein Stil, dessen Name von dem Versuch herrührt, jede Figur, jeden Gegenstand, jede Landschaft auf ihr Wesentlichstes zurückzuführen und beschreibende Einzelheiten zu vernachlässigen, um die zugrunde liegenden geometrischen Elemente hervorzuheben.

Sowohl die neuartigen und originellen Werke von Strawinskys, Schönbergs, Picassos, als auch Einsteins Raum-Zeit-Universum wurden noch lebendiger, als wir von den Reaktionen des Publikums und der Kritik auf sie erfuhren.

Unsere Kinder wollten wieder und wieder von dem Tumult bei der Premiere des „Frühlingsopfers" hören, von diesem skandalösen Abend, als Anhänger und Gegner der neuen Musik im Abendanzug in einen Kampf aller gegen alle verwickelt waren und die Polizei eingesetzt werden mußte, um die Ordnung wiederherzustellen. Ja, das waren Zeiten, wo die Menschen noch ein tiefes Gefühl für Musik und Kunst besaßen!

Nun werfen wir einen Blick auf Cézanne und die anderen Künste und Wissenschaften. Cézanne, immer auf der Suche nach ewigen Wahrheiten, hatte die Fähigkeit, die verborgene innere Struktur hinter der äußeren Erscheinung der Dinge wahrzunehmen. Cézanne, der in der Schule Preise für Mathematik, Latein und Griechisch gewann, erkannte ebenso wie Pythagoras, daß der Aufbau der Natur geometrisch ist, daß die wirkliche Welt um uns eine Welt der Zahlen und geometrischen Figuren ist, die alle durch eine höhere Ordnung miteinander verbunden sind. Er schrieb an Emile Bernard: „Die Natur ist nach Kegel, Kugel und Zylinder geformt. Wir müssen lernen, beim Malen von diesen einfachen Formen auszugehen und alles wird möglich sein."

Setzen wir statt des Wortes malen das Wort zeichnen ein und es wäre, als ob wir eine Botschaft von Frank Lloyd Wright, von Le Corbusier, von Gropius oder von einem anderen Architekten des 20. Jahrhunderts bekämen.

Frank Lloyd Wright und Cézanne könnte man als orientalische Künstler bezeichnen, wegen ihrer Besessenheit vom Prinzip der Einheit und ihrem Gefühl für geometrische Formen. Die Orientalen glauben nämlich, daß das Buch der Natur in geometrischen Zeichen geschrieben ist und sie bezeichnen Zahl, Ordnung und Position als „den dreifachen Schlüssel zum exakten Wissen". In Wrights voll integrierten Entwürfen — die alles umfassen, von der Form der Wände bis zum Fensterglas, den Vorhängen, den Möbeln, den Teppichen, dem Tafelgeschirr und der Tischwäsche, von den Beleuchtungskörpern zu den Skulpturen, der Gartenarchitektur und den Bildern – sind einfache geometrische Formen oft als dekoratives Element verwendet, um seinen künstlerischen Vorstellungen Einheit zu verleihen.

Obwohl Wright keinen Kontakt mit der Kunst Cézannes oder Picassos hatte, wurde sein Stil oft als kubistisch bezeichnet, wegen der rhythmischen geometrischen Muster, die sowohl die Struktur, als auch die dekorativen Aspekte seiner Bauten bestimmen.

Und so wie Cézanne versuchte, in seinen Landschaften das Bild von ewigem Wachstum, von Ausdehnung und Entwicklung einzufangen, so versuchte Wright in seiner Architektur ein Bild von Verflechtungen und expandierenden Räumen zu schaffen. In seiner Architektur sind leerer Raum und Festes gleichwertig. Das Außen kommt nach innen und das Innen nach außen; Terrassen, Gärten und Bauteile sind gleichermaßen beteiligt an seinem Konzept „Raum: Das dauernde Werden" zu schaffen. Wright erklärte die Erweiterungsfähigkeit eines Gebäudes und den dauernden Austausch von außen und innen als „die neue Realität, die Raum ist, statt Materie".

Das bringt uns zur Relativität und dem Problem des Raumes. Im Abendland wurde der Raum von den frühesten Zeiten an nicht als unabhängig von materiellen Objekten betrachtet, also nicht als ein Ding, das ohne Materie existieren könnte. Ein umschlossener Raum, der nicht mit Gegenständen angefüllt war, wurde als „leer" betrachtet. Es war Einstein, der die Idee aufbrachte, „daß es keinen leeren Raum gibt, d. h. einen Raum ohne ein Schwerefeld". Auf Grund der allgemeinen Relativitätstheorie ist die Unterscheidung zwischen Raum und „dem, was den Raum füllt" vollkommen sinnlos, da jedes Kraftfeld Energie enthält und insofern Raum darstellt. Und da es nach Einsteins Ansicht keinen Raum gibt, der nicht Energie enthält, so sind die leeren Räume in Cézannes Spätwerk voll von bedeutungsvoller Leere und erfüllt von Lebenskraft und Andeutungen. Die Chinesen würden diese dynamische Qualität als k'ungling bezeichnen, als „leer und lebendig". Die unbemalten Räume bilden einen Teil der Komposition und sind die Lebenskraft der Kunst Cézannes, weil die Bilder dadurch, daß sie etwas für die Einbildungskraft übriglassen, niemals komplett sind, bevor wir, die Betrachter, zu Beteiligten werden und aktiv zu ihrer Vollendung beitragen.

Aber kehren wir zur Architektur zurück. Le Corbusier, der von der Malerei zur Architektur kam, war sichtlich von Cézanne beeinflußt. Beide, der Maler und der Architekt, arbeiteten auf eine Vereinfachung hin, welche die Struktur unterstrich und deutlich machte. Beide drückten sich in ihrer Arbeit und in ihrer Rede in geometrischen Formen und in Begriffen von Licht und Schatten aus. Cézanne behielt aus der Sprache des Impressionismus die Definition: Farbe ist Licht. „Farbe ist biologisch", sagte er. „Sie ist lebendig und sie allein macht die Dinge lebendig." Farbe war Cézannes Baumaterial. Mit ihr zeichnete er und mit ihr schuf er Form, Raum, Licht und Distanz durch eine Bewegung der Farben, die auf das Auge zu oder von ihm weggeht. Cézannes Kunst ist lebendiger Rhythmus, ein konstantes Wechselspiel von Farbe. Wie ein Echo klingen Töne von goldenem Ocker, von Grün, Grau, Blau und Violett in fortwährend wechselnden Modulationen über die Leinwand und schaffen so den Rhythmus von Naturvorgängen.

Auch Le Corbusier sagte: „Die Elemente der Architektur sind Licht und Schatten, die Wände und der Raum... Die großen Probleme des Bauens werden durch Geometrie gelöst... Unsere Augen sind dazu gemacht, Formen im Licht zu sehen; Licht und Schatten enthüllen diese Formen; Würfel, Kegel, Zylinder und Pyramide sind die großen Urformen, die das Licht offenbart. Und deshalb sind das schöne Formen, die schönsten Formen."

In den Skulpturen von Rodin und Lipchitz wie in der

Architektur von Le Corbusier ist das Spiel des Lichts als bestimmendes Element eingesetzt. So zum Beispiel erhält die Porträtstatue Balzacs von Rodin Form und Leben durch das Spiel von Licht und Schatten auf ihrer fragmentierten Oberfläche. Wenn die Statue in Licht gebadet ist, verwandelt sich Balzac aus einem leblosen Stück Bronze in ein lebendiges, sich stets veränderndes menschliches Wesen.

Die Skulpturen von Jacques Lipchitz liefern den Beweis, daß die neue Sprache, die Picasso in die Malerei einführte, auch in der Skulptur eine neue Formensprache auslöste und zwar die einer geometrischen Vereinfachung. Lipchitz, einem Bahnbrecher des Kubismus in der Skulptur, fiel es leicht, sich der geometrischen Formensprache im Raum zu bedienen, denn er hatte bis zu seinem achtzehnten Lebensjahr Architektur studiert. Seine ersten progressiven Experimente, in denen er buchstäblich kubistische Malerei in Skulptur verwandelte, wurden mit „imaginärer Architektur" verglichen.

„Wenn alle Materialien bereit sind, wird der Architekt in Erscheinung treten", schrieb Walt Whitman. Die neuen Materialien, welche die Bahnbrecher der modernen Architektur von den früheren Einschränkungen befreiten, waren Bessemer Stahl und Moniers Eisenbeton. Sie vereinten die Belastbarkeit und Dehnbarkeit des Stahls mit der Widerstandskraft des Betons gegen Druck. Diese Materialien verschafften den Architekten die Möglichkeit zu experimentieren und eine neue Architektur für innen und außen zu erfinden. Verstärkt mit Stahl wurde der Beton zu einem plastischen Material, das in jede gewünschte Form modelliert werden konnte. Glas wurde ein vorrangiges Baumaterial. Jetzt, da das Baugerippe eines Gebäudes aus einem Stahlrahmen bestand, waren große Fensteröffnungen möglich, und die früher das Gewicht tragende Wand machte der Glaswand Platz. „In der modernen Architektur", sagte Gropius, „ist die Wand nicht mehr als ein Vorhang oder ein Wetterschutz. Sie kann zur Gänze aus Glas bestehen, wenn ein Maximum an Tageslicht gewünscht wird."

Das Bauhaus, Deutschlands berühmte Schule für Gestaltung, die von dem Architekten Walter Gropius gegründet worden war, beschäftigte sich ebenso wie Cézanne oder Picasso und die Kubisten mit Grundformen. Die Schule stellte sich mit Begeisterung den Herausforderungen der Zeit und entwickelte eine Fülle unbegrenzter Variationen unter Benützung der neuen Materialien – Stahl, Eisenbeton und Glas. Sie arbeitete nicht nur höchst erfolgreich, sondern auch wirtschaftlich.

Das Bauhaus war, laut Alfred H. Barr jr., „die einzige Schule der Welt, in der moderne Gestaltungsprobleme realistisch in einer zeitgemäßen Atmosphäre angegangen wurden". Das Ziel dieser weltberühmten Institution (die sowohl eine Schule als auch eine Arbeitsgemeinschaft von Künstlern, Handwerkern und Architekten war) bestand darin, die Architektur mit den schöpferischen Künsten zu einem Gesamtkunstwerk zu vereinen. Begeisterte Mitarbeiter unter der anfeuernden Führung von Gropius bereiteten den Weg und förderten die Entwicklung des klaren geometrischen Stils des 20. Jahrhunderts, der praktisch alle Zweige der Gestaltung beeinflußte: Architektur, industrielle Formgebung, Möbel, Textilien, Silbergegenstände und Keramik, Graphik, Buchdruckerkunst, Malerei, Werbung, Fotografie, Film, Theater, sogar das Ballett. Die industrielle Formgebung wurde hier geschaffen. Viele Modelle für die Massenproduktion entstanden hier, darunter das erste Modell für Sitzmöbel aus Stahlrohr.

Zwischen 1919 und 1933 gehörten dem Lehrkörper dieser einflußreichen Schule die größten Künstler der Zeit an: Itten, Feininger, Marcks, Meyer, Klee, Schlemmer, Kandinsky, Moholy-Nagy, Albers und Breuer. Der Wahlspruch des Bauhauses „Form ist Funktion" drückte den Glauben aus, daß alles schön ist, was dazu entworfen ist, seinen Zweck zu erfüllen. Der erlesene Geschmack der an dieser Schule tätigen Designer verlieh dieser Theorie des Bauhauses Glaubwürdigkeit.

„Die griechische Architektur", sagte Emerson, „ist die Blüte der Geometrie." Le Corbusier setzte großes Vertrauen in die klassischen Prinzipien und glaubte, so wie die Griechen, daß Architektur „lebende Musik" sei, das heißt: harmonisch geordnete, rhythmisch wiederholte Proportionen, „Korrelation" durch Ausgewogenheit zwischen jedem dieser Elemente und dem Ganzen.

Alle Entwürfe Frank Lloyd Wrights spiegeln eine rhythmische Einheit wieder, die Wechselbeziehung der Teile untereinander und mit dem Ganzen. In Wrights organischer Architektur ist nichts in sich selbst vollendet, sondern ist nur vollendet soweit der Teil in den größeren Ausdruck des Ganzen inkorporiert ist. Ein Abglanz von Cézannes Malerei!

„Architektur ist stumme Musik", schrieb Goethe. Und Baudelaire, einen ähnlichen Gedanken ausdrückend, sagte: „Musik vermittelt die Idee des Raumes." Da unsere Schüler das wußten, verstanden sie, warum Frank Lloyd Wright an seinem Zeichentisch nie ohne Musikbegleitung arbeitete.

Überdies ist Architektur gebaute Geschichte und kann nur lebendig werden, wenn sie mit Musik, dem Pulsschlag jeder Epoche, kombiniert wird. Unsere Schüler begannen die Architektur des 20. Jahrhunderts zu erfühlen und sich ihrer voll bewußt zu werden, indem sie Musik von Strawinsky, Schönberg, Satie und Bartók hörten.

Die Kinder bewegen sich ungezwungen von Cézanne, dem Maler, zu Pythagoras, dem Philosophen und Mathematiker, zu Frank Lloyd Wright, dem Architekten, zu J. J. Thomson, dem Wissenschaftler und Entdecker des Elektrons, der erkannte, daß das Atom nicht unteilbar ist, sondern aus Partikeln besteht.

Dieser Gedanke, daß dem Atom eine Struktur zugrunde liegt, entsprach der Suche Cézannes und Picassos nach der verborgenen inneren Struktur der Dinge, die wir sehen. Ein gutes Beispiel dafür ist der Frauenkopf von Picasso, diese revolutionäre kubistische Skulptur.

Im Jahr 1900 führte Max Planck ein neues Konzept in die Physik ein. Plancks Formulierung der Quantentheorie, wonach Strahlenenergie nicht in einem ungebrochenen Strom, sondern in unzusammenhängenden Teilen ausgesendet wird, entspricht den sich verschiebenden Perspektiven in Cézannes Stilleben, die nicht still, das heißt bewegungslos sind, denn die von Leben vibrierende Linie bewegt sich, bricht ab, setzt sich fort.

Ja, Cézannes Stilleben machen immer wieder Heisenbergs Unbestimmtheitsrelation anschaulich, die besagt, daß die Realität ungreifbar ist, weil die Beobachtung an sich das Beobachtete verändert. Sowohl der Künstler wie der Wissenschaftler beschreiben jeder auf seine Weise die einander ergänzende Einheit zwischen dem Beobachter und dem beobachteten Gegenstand.

Wir sind Einstein, Heisenberg und Cézanne dankbar, daß sie uns deutlich zur Kenntnis brachten, daß die Welt eine Welt der Vorstellung und der perspektivischen Schau ist, eine Welt, die jeder von uns unvollkommen und partiell wahrnimmt, je nach seinem Standort. Wieder zeigt sich, daß die Philosophie die Basis dessen ist, was wir wissen und verstehen. Das erinnert mich an eine Aussage Werner Heisenbergs, betreffend den Beitrag, den Japan seit dem zweiten Weltkrieg zur theoretischen Physik geleistet hat. Heisenberg meinte, daß dieser Beitrag auf eine Beziehung zwischen den traditionellen philosophischen Ideen des Ostens und dem philosophischen Gehalt der Quantentheorie hinweise. Tatsächlich mag das der wesentliche Faktor für die natürliche Anpassung der japanischen Physiker an das Quantenkonzept der Realität sein.

Roentgen entdeckte die nach ihm benannten Strahlen, die den Menschen zum ersten Male die Möglichkeit boten, durch die Haut hindurch die Knochen zu sehen und zu fotografieren. Diese Möglichkeit, den Körperbau zu untersuchen, beeinflußte auch die Künstler. Im Futuristischen Manifest heißt es: „Warum sollen wir in unseren Schöpfungen die doppelte Kraft unseres Sehens vergessen, die imstande ist, Resultate analog den Roentgenstrahlen hervorzubringen?" Andere Werke enthielten Freuds Entdeckungen über die unbewußten Vorgänge in der menschlichen Seele, die in der kubistischen Malerei Picassos sichtbar zum Ausdruck kommen.

In der Psychologie entspricht die Gestalt-Theorie – die Idee, daß das Ganze wichtiger ist als die Teile – dem Grundgedanken Cézannes, daß das Ganze – das Bild selbst – von überragender Bedeutung ist.

Mit der Erfindung des Aeroplans durch die Brüder Wright, war der Mensch imstande, sich in die Lüfte zu erheben und die Erde von oben zu überschauen. Und was sah er? Gertrude Stein gab die Antwort: „Kubistische Landschaften."

Da wir von Gertrude Stein sprechen, wollen wir nachsehen, wie die Literatur sich in die Integration der Künste und Wissenschaften des 20. Jahrhunderts einfügt. Gertrude Stein, oft als kubistische Schriftstellerin bezeichnet, hatte Mut zu Neuem. „Ich schreibe mit meinen Augen", sagte sie einmal zu Picasso. Ihre Sätze sind lang, manchmal ganze Seiten lang. Der Satzbau ist einfach und es gibt wenige Beistriche oder Punkte. Die langen kreisförmigen Sätze führen den Leser rund um das Subjekt oder das Objekt, bis er in dessen eigenstes Wesen eindringt. Man denkt an einen kreisenden Planeten.

Gertrude Stein behauptete, daß Cézanne sie am meisten beeinflußt habe. „Bis zu Cézanne", sagte sie, bestand die Komposition aus einer zentralen Idee, für die alles andere nur eine Begleiterscheinung bildete, von der alles andere getrennt und nicht Selbstzweck war. Cézanne vertrat die Ansicht, daß in der Komposition jeder Gegenstand gleich wichtig ist. Jeder Teil ist ebenso wichtig wie das Ganze, und das beeindruckte mich ungeheuer."

Ebenso wie Cézanne bestrebt war, nicht einen bestimmten einzelnen Moment, sondern einen Moment der Ewigkeit zu malen, so war es das Ziel der literarischen Abstraktionen von Gertrude Stein, die ständig weiterlaufende Gegenwart durch die Wiederholung einer Phrase mit sich steigernden Variationen einzufangen.

Ich kann nicht umhin, einer Bemerkung Picassos zuzustimmen, die er machte, als ihm das Wortporträt, das Gertrude Stein von ihm entworfen hatte, mißfiel. Er sagte: „Ich liebe eben keine Abstraktionen!"

Nun wollen wir uns Marcel Proust zuwenden, der, laut Edmund Wilson, die Welt des Romans, vom Standpunkt der Relativität aus, neu geschaffen hat. Er hat als erster in vollem Ausmaß ein literarisches Äquivalent für die neuen Theorien der modernen Physik geliefert.

Wie liest man aus Prousts Werk die Prinzipien der Quanten- und Relativitätstheorie, der beiden Grundlagen der Physik des 20. Jahrhunderts, heraus? Unsere Schüler haben gelernt, die Quantentheorie besage, daß es keine tote Materie gibt. Selbst der in Ruhe befindliche Gegenstand hat in seiner Masse Energie gespeichert: Partikel werden nicht als aus irgendeinem festen „Stoff" bestehend angesehen, sondern als Bündel von Energie; Energie, die mit Vorgängen und Aktivitäten assoziiert wird. Alles ist lebendig und in einem dauernden Prozeß des „Werdens" begriffen. Dieser Idee entspricht eine grundlegende Voraussetzung östlichen Denkens, das einen Gegenstand nicht als ein Ding oder eine Substanz auffaßt, sondern als einen Vorgang. Alles ist belebt und im Zustand eines ewigen „Werdens".

Wenn wir dieses Konzept auf „Die Suche nach der verlorenen Zeit" anwenden, wird uns klar werden, daß Proust zeigen will, daß wir uns niemals gleich bleiben. In jedem Augenblick sind wir anders. Ständig wachsen wir und verändern uns, denn wir machen neue Erfahrungen und rufen alte, halb vergessene Erlebnisse herauf, die unerwartet und unkontrolliert in uns aufbrechen. So wie das Elektron von einer Kreisbahn in die andere springt, so kommen unsere Erinnerungen zu uns zurück und dringen in unser Bewußtsein. Deshalb sind wir nicht einfach die Summe aller unserer vergangenen Erfahrungen, denn wir erleben sie dauernd wieder und so wächst die Summe ständig. Die Vergangenheit ist nichts Statisches, sie ist auch nicht einfach ein ununterbrochener Strom beliebiger vergangener Geschehnisse. Die Vergangenheit ist eine untrennbare, in Wechselwirkung stehende, dauernd in Bewegung befindliche Komponente der Gegenwart und der Zukunft, die uns ständig in etwas Neues und Anderes umformt. So ist also auch das Ich ein Prozeß, ein nie endender Prozeß. Nie „sind" wir, immer „werden" wir. Man könnte sagen, daß Proust das mathematische Gesetz der Summierung beweist, das besagt, daß das Ganze größer ist als die Summe der Teile.

Sind Kinder imstande, so zentrale Begriffe, die wir durchforschten, wie Physik, Wissenschaft und moderne Architektur und ihre Auffassung davon, in Worte zu fassen und in Gedichten, Malerei oder anderen künstlerischen Formen auszudrücken?

Die Antwort ist „Ja" und der Beweis dafür ist dieses „Tagebuch eines Malers: Picasso und seine Freunde", das den Höhepunkt einer Aktivität der Schüler der Wilhelm Scholê im Jahr 1981 bildete, worüber sie in diesem Buch berichten wollten.

Indem sie den schöpferischen Akt durch Nachschöpfung neu belebten, indem sie Gedichte zu den Bildern und Musik, die die Gedichte begleitete, schrieben, indem sie ihr selbst geschaffenes Ballett ‚Guernica" und Strawinskys „Feuervogel" tanzten, indem sie die Kostüme für diese Aufführungen selbst entwarfen, indem sie Teile ihres Buches dramatisierten, indem sie Musik von Bartók und Schönberg aufführten, indem sie ihre eigene Auffassung von grundlegenden Begriffen wie Physik, Wissenschaft und moderner Architektur in Worte faßten und in Gedichten ausdrückten, begann sich in ihnen ein Bild zu formen, in dem Ordnung, Form und Kontinuität herrschten.

Wir werden oft gefragt: „Warum lehren Sie die Kinder all das zu tun? Sie werden ihren Lebensunterhalt verdienen müssen. Für diese Dinge kann man sich nichts kaufen. Wir müssen Steuerzahler erziehen!"

Darauf antworten wir: Spezialisierung ist für unsere Gesellschaft gleichbedeutend mit Fortschritt geworden. Unsere heutige Zeit schätzt den Wert der Spezialisierung für die Gesellschaft so hoch ein, daß sie ihr den Preis wert ist, den der einzelne Spezialist dafür zu zahlen hat. Unsere Zeit versteht nicht, daß man zuerst ein Mensch sein muß, bevor man Arzt, Rechtsanwalt, Kaufmann, Manager oder Musiker sein kann. Nur wenn Du weißt, daß Du ein Mensch bist und warum Du einer bist, daß Du ein Teil des Ganzen bist, daß Du mit dem Unendlichen verbunden bist, kannst Du Deinen Beruf richtig ausüben. Kein Beruf wird richtig ausgeübt, wenn man ihn nicht als Berufung, als Dienst an der Menschheit auffaßt.

Damit kommen wir zur holistischen Erziehung, zu Musik und Kunst, zu den Wissenschaften und zum geistigen Wach-Sein zurück. Ein Kunstwerk zu betrachten, einem Musikstück zu lauschen, ist ein wunderbares ästhetisches und emotionales Erlebnis. Und diese Dinge in Beziehung setzen zu können zu der Zeit ihres Entstehens, zu den übrigen Werken des betreffenden Künstlers, zu den Werken, die vor dessen Zeit gemalt und geschrieben wurden, ist faszinierend. Aber die Möglichkeit, solche Kunstwerke als in einer anderen Sprache ausgedrückte ähnliche Ideen zu empfinden, wie sie in Architektur, Literatur, Wissenschaft und Technik auftreten, das führt zu einem Glücksgefühl — einem Gefühl, das sich aus dem Erleben von Einheit und Harmonie ergibt. Diese intuitive Erfahrung verbindet den Schüler mit dem Unendlichen. Und sobald diese Verbindung einmal erlebt worden ist, kann sie nicht mehr abreißen, weil, wer sie erlebt hat, die Dinge und sich selbst immer nur als Teil des Ganzen begreifen kann.

Mit dieser inneren Gewißheit von der Realität der Einheit, wird auch die Spezialisierung ein untrennbarer Bestandteil der lebenswichtigen, menschlichen Werte, während sie ohne diese Gewißheit zum Ausdruck der Zersplitterung, zum Nährboden für Entfremdung und Entmenschlichung wird. Wir sehen das überall um uns: In einem Arzt, der Krankheiten behandelt, aber jeden Bezug zu den Menschen verloren hat.

Wir hören das im Konzertsaal, wenn ein Pianist jede Note richtig wiedergibt, aber nur seine seelenlose Virtuosität zeigen will, ohne einen Kontakt mit seinen Zuhörern herstellen zu können.

Sie mögen denken: „Na wenn schon. Die Leistung war zwar kein großes künstlerisches Erlebnis für die Zuhörer, aber es ist ja niemand daran gestorben."

Wenn wir aber diese, in bezug auf das Menschliche ungenügende, bloß maschinelle Leistung mit der Leistung eines Anästhesisten in Beziehung setzen (und eines Tages kann jeder von uns einen solchen brauchen), können die Folgen tödlich sein. Ich für meine Person wünsche mir mehr als einen technisch geschulten Fachmann, ich möchte, daß ein mitfühlender Mensch mich behandelt.

„Das Geheimnis der menschlichen Existenz", schrieb Dostojewski, „besteht darin, nicht nur fähig zu sein zu leben, sondern auch zu wissen, warum man lebt."

Diese höchste Erkenntnis, daß wir Teile einer einzigen Realität sind, daß alles ein Ganzes ist, ist eine alles zusammenfassende Kraft. Sie bereitet den Schüler darauf vor, in sein Spezialgebiet einzutreten und es als ein einheitliches Ganzes zu empfinden. Darüber hinaus kann er in seinem Spezialgebiet völlig aufgehen und ein tiefes Verständnis dafür haben, warum er das tut: um seine Bestimmung zu erfüllen, um zu dienen, um zum Ganzen beizutragen, indem er sein Bestes gibt. Das ist Unsterblichkeit wie die Chinesen, die Griechen und die Hebräer sie begriffen haben, nicht als einzelne Ichs, sondern als Gemeinschaft und Menschengeschlecht. In diesem Sinn schreibt Frederick Mayer: „Der wahre Beweis für den Wert einer Schule ist der Charakter, der aus ihr hervorgeht."

Houston
Mai 1979

DIE PHILOSOPHIE: Das Konzept der Wilhelm Scholê

Scholê: stammt von dem griechischen Wort für Muße. Scholê, von dem das Wort Schule stammt, bedeutet das lebenslängliche Streben nach einer verstärkten Nutzung der Zeit, um Geist, Körper und Seele so vollkommen als möglich zu entwickeln.

Holistische Erziehung: Sowohl das Wort holistisch wie das englische Wort für Gesundheit (health) stammen von dem griechischen Wort für „ganz". Daher konzentriert sich die holistische Erziehung auf physische, geistige, emotionale und seelische Ganzheit.

Leitgedanken

Grundlagen der Erziehung

Erziehung ist beides: ein Prozeß schöpferischen, anpassungsfähigen Lebens, wie auch die Vorbereitung darauf.

Erziehung in der Schule sollte sich die frühesten und wichtigsten Jahre des Lernens zunutze machen.

Die intellektuellen, physischen, ästhetischen, moralischen und sozialen Komponenten der Erziehung sollten nicht voneinander getrennt werden.

Die Grundlagen des Lebens werden sehr früh festgelegt. Daher muß vorbeugende Medizin in Form von richtiger Ernährung, Diät und Hygiene einen Teil jedes Lehrplanes bilden.

Durch Erziehung sollte ein auf wissenschaftlicher Grundlage beruhender Humanismus und ein vernunftsgemäßes Denken entwickelt werden.

Schöpferisches Erwachsensein beruht zum Teil auf ästhetischer Erfahrung. Die Künste veredeln und stärken den Charakter und führen zu einem Universalismus in unserem Verhalten. Da Künste und Wissenschaften sich gemeinsam entfalten, sollten beide in jeden Lehrplan aufgenommen werden.

Lebenslanges Lernen ist der Grundpfeiler einer befriedigenden Existenz – Offensein für neue Ideen, neue Einstellungen und einen sich ständig erweiternden Horizont.

Die Rolle der Schule:

Familie und Schule sind die tragenden Kräfte im Leben des Kindes. Zusammen bieten sie die Sicherheit und die Herausforderung, die zur Entwicklung der schöpferischen Fähigkeiten beitragen.

Die Schule sollte als Kommunikationszentrum dienen und dadurch soziale Ziele auf allen Ebenen verstärken und vereinheitlichen.

Die Rolle des Lehrers:

Durch Ermutigung, Beratung und persönliche Anteilnahme sollte der Lehrer zum gemeinsamen Ausbau einer Lebensphilosophie beitragen, die besagt, „daß wir uns schämen sollten zu sterben, ohne irgendeinen Sieg für die Menschheit errungen zu haben".

Zur Rolle des Lehrers gehört es, dem Kind die grundlegenden Fertigkeiten zu vermitteln, die es befähigen, diese Lebensphilosophie fruchtbringend anzuwenden.

Ziele der Schule:

Eine Umwelt zu schaffen, durch die das Kind angeregt wird:

Lernen als einen dauernden vergnüglichen Prozeß zu erleben, der alle Facetten des Lebens umfaßt.

Wie wir denken, nicht was wir denken ist wichtig
(Wilhelm-Scholê-Motto)

Die Technik des Erwerbs von Wissen zu meistern, indem die Verantwortlichkeit für Selbsterkenntnis und Selbsterziehung akzeptiert wird.

Ständigen Wechsel als einen Ansporn zu betrachten und zu akzeptieren.

Sich einen Überblick über das Kulturerbe der Menschheit anzueignen.

Zu lernen, tätig zu bleiben und die Zeit schöpferisch zu nützen.

Selbstdisziplin als eine Kraft anzuerkennen, die zu konstruktiven Entscheidungen führt.

Eine Bewußtheit für das Unendliche zu entwickeln, sowie ein geschärftes Verständnis für unsere Verwandtschaft mit allem, was innerhalb und außerhalb unseres Universums besteht.

Zu entdecken, daß Lernen die größte und dauerhafteste aller Freuden ist.

Einen Lehrplan zu erstellen, der den individuellen Bedürfnissen entspricht.

Eine Umwelt zu schaffen, in der Kinder sich auf ihre eigene Art und Weise und nach ihren individuellen Fähigkeiten und Begabungen entwickeln können.

Den Lehrberuf höher zu qualifizieren und den Lehrer für seinen Beruf zu begeistern.

Eine Lerngemeinschaft zu werden, in der Schüler, Lehrer und Eltern nach einem besseren Leben für sich und für die ganze Menschheit streben.

We teach one another

S'enseigner mutuellement

Wir unterrichten einander

Reading is basic here

Lire est essentiel ici

Lesen ist bei uns die Grundlage

Geography, mathematics writing

Géographie, mathématiques, écrire

Geographie, Mathematik Schreiben

Literature, science

Littérature, sciences naturelles

Literatur, Naturwissenschaften

Play, alone or in groups

Jouer, seul ou en groupes

Spielen, allein oder in Gruppen

Building our motorskills

Entrainement de nos forces motrices

Wir trainieren unsere Motorik

Festivals, sports, high climbing

Festivals, sports, l'art de grimper

Feste, Sport, Bäumeklettern

Good eating habits, giving thanks, meditating

Habitudes d'une saine nourriture, remercier ensemble, méditer

Gesund Essen danken, meditieren

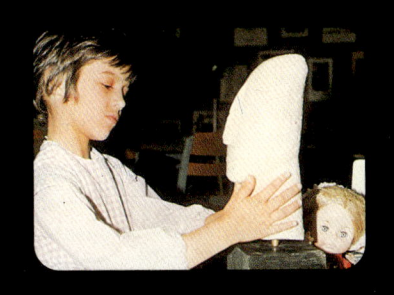

Sculpting, drawing
Modelage, dessin
Modellieren, Zeichnen

Group music, museum going
Musique en groupes, visite de musées
Musik in der Gruppe, Museumsbesuch

Looking at pictures, discussing
Comment voir des tableaux, discuter
Bilder ansehen, diskutieren

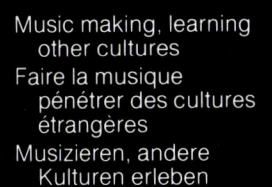

Music making, learning other cultures
Faire la musique, pénétrer des cultures étrangères
Musizieren, andere Kulturen erleben

THE CHILDREN: A Glimpse of Daily Life at the Wilhelm Scholê
LES ENFANTS: Un coup d'oeil sur la vie quotidienne à la Wilhelm Scholê
DIE KINDER: Ein Blick in den Alltag der Wilhelm Scholê

Wilhelm Scholê Motto: *The Reward of Learning is Happiness*   (written by the Children of the Wilhelm Scholê)
Wilhelm Scholê Devise: *La récompense d'apprendre c'est le bonheur*   (écrite par les enfants de la Wilhelm Scholê)
Wilhelm-Scholê-Motto: *Lernen wird durch Glücklichsein belohnt*   (geschrieben von den Kindern der Wilhelm Scholê)

Parent conferences
parents as teachers

Conférences avec les
parents, les parents
comme professeurs

Gespräch mit den Eltern,
Eltern als Lehrer

Doll play, not forgotten

Loisirs pour jeux de
poupées

Zeit auch für Puppen-
spiel

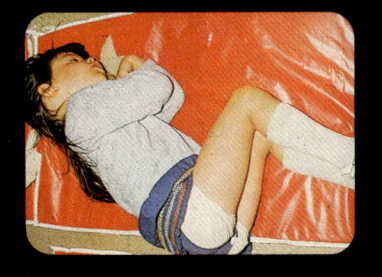

Sleep after learning is
important

Sommeil récréateur après
les études

Schlafen nach dem
Lernen ist wichtig

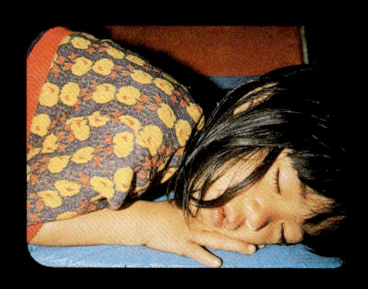

Personalities grow here

Des personnalitées
grandissent ici

Persönlichkeiten
wachsen hier heran

ANHANG: Katalog der Bilder von Picasso und seinen Freunden
Von den Kindern studiert

Picasso:

11 *Der Matador.* Frühestes bekanntes Bild Picassos 1889–90 (Öl)

12 *Menükarte von Els Quatre Gats.* Barcelona 1899 (Druck, 22 × 16,5) Zervos VI, 193. Museo Picasso, Barcelona

13 *Selbstporträt mit Casagemas.* 1899.

14 *Kurtisane mit Juwelen-Halsband.* Paris 1901. Los Angeles County Museum of Art

15 *Casagemas' Tod.* (Öl auf Holz, 27 × 35 cm) Paris, Sommer 1901. Zervos XXI, 178 D. B. VI, 5. Musée Picasso, Paris

16 *Selbstporträt.* (Öl, 80 × 60 cm) Paris 1901, Zervos I, 91 D. B. VI, 35. Musée Picasso, Paris

17 *Der Blinde.* (Tinte und Wasserfarbe), 1904

18 *Der alte Gitarrist.* Barcelona, Herbst 1903 (Öl auf Holz, 121,5 × 82,5 cm). Zervos I, 202 D. B. IX, 34. The Art Institute of Chicago

20 *Die Tragödie.* 1903. National Gallery of Art, Washington-Chester Dale Collection

21 *Die Absinth-Trinkerin.* 1902

22 *Aperitif.* Paris 1901 (Öl auf Leinwand, 73 × 54 cm)

23 *Kind mit Taube.* Paris, Herbst 1907 (Öl auf Leinwand, 73 × 55). Zervos I, 83 D. B. VI, 14

24 *Das kranke Kind.* 1903 (Pastell)

25 *Junger Akrobat auf Ball.* 1904–1905. Puschkin Museum, Moskau

26 *Mutter und Kind.* 1905. Staatsgalerie, Stuttgart

27 *Aus: Zwei Artisten mit Hund.* 1905

28 *Frau beim Bügeln.* (Öl auf Leinwand, 116 × 73 cm). Zervos I, 24 D. B. XI. The Solomon Guggenheim Museum

30 *»El tio Pepe Don José.«* 1905. Collection, Mr. Lee A. Ault

31 *Des Artisten Familie mit Affe.* Paris, Frühjahr 1905 (Gouache, Wasserfarbe, Pastell und Tusche auf Karton, 104 × 75 cm). Zervos I, 299 D. B. XII, 7

32 *Der Leiermann.* (Alter Gaukler und Hanswurst). Gouache auf Karton, 100 × 70 cm). 1904–1905. Kunsthaus, Zürich

34 *Junges Mädchen mit Blumenkorb.* Paris, Herbst 1905 (Öl auf Leinwand, 155 × 66 cm). Zervos I, 256 D. B. XIII, 8

35 *Die Gauklerfamilie.* Paris 1905 (Öl auf Leinwand, 213 × 230 cm). Zervos I, 285 D. B. XII, 35. National Gallery of Art, Washington D. C.
102

36 *Mädchen mit Hund.* 1905. Besitzer unbekannt

37 *Selbstporträt.* Barcelona oder Paris 1904 (Bleistift auf Papier). Signiert mit Widmung: für Max Jacob. Picasso

38 *Max Jacob mit Lorbeerkranz.* 1928 (Bleistift)

40 *Sabartés*

44 *Fernande.* Kohlezeichnung, 1905–1906

47 *Im »Lapin Agile«.* 1905. Private Collection

48 *Frau mit Krähe.* (Kohle, Pastell und Wasserfarbe auf Papier, Paris 1904 64 × 49,5 cm). Zervos I, 240 D. B. XI, 10

49 *Drei holländische Mädchen.* Schoorl, Holland, Sommer 1905 (Gouache und Tusche auf kartonniertem Papier, 77,5 × 67 cm). Zervos I, 261 D. B. XIII, 2. Musee Nat'l d'Art Modern, Centre Nat'l d'Art et de Culture Georges Pompidou, Paris

50 *Zwei Nackte.* Ende 1906 (Öl auf Leinwand, 151 × 93 cm). Zervos I, 366. Museum of Modern Art, New York

51 *Zwei Nackte.* 1906 (Gouache, Kohle und Wasserfarbe). The Baltimore Museum of Art, The Cone Collection

52 *Porträt Gertrude Stein.* Paris, begonnen Winter 1905–1906, teilweise überarbeitet Herbst 1906 (Öl auf Leinwand, 100 × 81 cm). Zervos I, 352 D. B. XVI, 10. Metropolitan Museum of Art, New York

55 *Porträt Clovis Sagot.* Paris, Frühjahr 1909 (Öl auf Leinwand, 82 × 66 cm). Zervos II, 129 Daix 270

56 *Leo Stein.* Ca. 1905–1906

57 *Porträt Leo Stein.* Paris, Frühjahr 1906 (Gouache, 25 × 17 cm). Zervos I, 250 D. B. XIV, 1. The Baltimore Museum of Art, The Cone Collection

58 *Guillaume Apollinaire.* Paris 1905 (Federzeichnung, 31 × 23 cm). Zervos XXII, 294

59 *Porträt Guillaume Apollinaire.* Paris 1905 (Tusche auf Papier, 31 × 23 cm)

63 *Guillaume Apollinaire mit verbundenem Kopf nach einer Verwundung im Ersten Weltkrieg.* 1916

65 *Guillaume Apollinaire als Artillerist.* 1914 (Tinte und Wasserfarbe, 23,5 × 13 cm). Zervos XXIX, 116

66 *Porträt Guillaume Apollinaire.* Paris 1916 (Bleistift, 49 × 30,5 cm). Zervos XXIX, 200

76 *Les Demoiselles d'Avignon.* Begonnen Mai, überarbeitet Juli 1907 (Öl auf Leinwand, 244 × 234 cm). Zervos II, 18 Daix 47. Museum of Modern Art, New York
102

80 *Porträt Daniel-Henry Kahnweiler*

82 *Junges Mädchen mit Mandoline.* Paris, anfang 1910 (Öl auf Leinwand, 100 × 73). Zervos II, 235 Daix 346. Museum of Modern Art, New York. Nelson A. Rockefeller Bequest

84 *Ma Jolie.* 1914 (Öl)

85 *Porträt Jean Cocteau.* Rom 1917 (Bleistift)

86 *Eric Satie.* Paris, 19. Mai 1920 (Bleistift). Zervos IV, 59. Musée Picasso, Paris

159

87 *Kostüm für den chinesischen Zauberer (Der Chinese).* Kostümentwurf für das Ballett »Parade«, Rom 1917 (27,5 × 20 cm)

90 *Igor Strawinsky.* Paris, 24. Mai 1920 (Bleistift). Zervos IV, 60. Musée Picasso, Paris

92 *Igor Strawinsky*

94 *Die Liebenden*

95 *Sieben Tänzerinnen.* London, Sommer 1919 (Bleistift). Nach einer Fotografie mit Olga Picasso im Vordergrund (62 × 50 cm). Zervos III, 353. Musée Picasso, Paris

96 *Bildnis Olga Picasso.* 1921–1922 (Rötel)

97 *Paulo auf einem Esel.* Paris 1923 (Öl auf Leinwand, nach einer Fotografie). Zervos VI, 1429

98 *Selbstbildnis mit Monster.* 1929 (Öl auf Leinwand, 71 × 61 cm). Zervos VII, 248

99 *Nackte in Lehnstuhl.* Paris, 5. Mai 1929 (Öl auf Leinwand, 195 × 130 cm). Zervos VII, 263. Musée Picasso, Paris

100 *Drei Musiker.* Fontainebleau, Sommer 1921
101 (Öl auf Leinwand, 200,5 × 223 cm). Zervos IV, 331. Museum of Modern Art, New York

103 *Der Tanz.* Monte Carlo, Juni 1925 (Öl auf Leinwand, 215 × 140 cm). Zervos V, 426. The Tate Gallery, London

104 *Sitzende Badende.* Paris, Anfang 1930 (Öl auf Leinwand, 163 × 129,5 cm). Zervos VII, 306. Museum of Modern Art, New York

105 *Stilleben auf kleinem Tisch.* Paris, 11. März 1931 (Öl auf Leinwand 195 × 130 cm). Zervos VII, 317. Musée Picasso, Paris

106 *Frau mit gelbem Haar.* 27. Dezember 1931. Guggenheim Museum

107 *Mädchen vor dem Spiegel.* Boisgeloup, 14. März 1932. Zervos VII, 379. Museum of Modern Art, New York

108 *Maya mit Puppe.* 1938 (Öl auf Leinwand, 73 × 60 cm)

109 *Der Bildhauer und seine Statue.* Cannes, 20. Juli 1933 (Feder, Wasserfarbe und Gouache 40 × 49,5 cm). Zervos VII, 120

110 *Minotauromachie.* 1935, Radierung

111 *Maler und Modell.* Paris 1928 (Öl auf Leinwand, 130 × 163 cm). Zervos VII, 143

112 *Badende mit Wasserball.* Boisgeloup, 30. August 1932 (Öl auf Leinwand, 146,5 × 114,5). Zervos VIII, 147. Museum of Modern Art, N. Y.

113 *Frau mit Blume.* Boisgeloup, 10. April 1932 (Öl auf Leinwand, 162 × 130). Zervos VII, 381

114 *Frauenbildnis.* November 1936 (Öl)

115 *Bildnis Dora Maar.* Paris, 9. Oktober 1942 (Öl auf Holz, 92 × 73 cm). Zervos XII, 154

116 *Guernica.* Paris, 1. Mai bis 4. Juni 1937 (Öl auf Leinwand, 351 × 782 cm). Madrid

117 *Weinende Frau.* Paris, 26. Oktober 1937 (Öl auf Leinwand, 60 × 49 cm). Zervos IX, 73

118 *Françoise als Sonne.* 15. Juni 1946 (Lithographie, 53 × 45 cm). Galerie Louise Leiris, Paris

119 *Frauen-Blume.* Paris, 5. Mai 1946 (Öl auf Leinwand, 146 × 87,5 cm). Zervos XIV, 167

120 *Claude in polnischem Kleidchen.* 1948 (Öl, 121 × 50 cm)

121 *Paloma mit Puppe.* 1952 (Öl auf Leinwand, 72,5 × 60 cm)

122 *Mutter und Kinder mit Orange.* Vallauris, 25. Jänner 1951 (Öl auf Sperrholz, 115 × 88 cm)

123 *Frauenbildnis.* 1946

124 *Sylvette XIII.* 1954

125 *Jacqueline mit Blumen.* Vallauris, 2. Juni 1954 (Öl auf Leinwand, 100 × 81 cm). Zervos XVI, 325

126 *Bildnis Jacqueline.* Juli 1955

127 *Selbstbildnis.* August 1940 (Bleistift)

128 *Die Infantin.* 1957 (Öl, 80,5 × 91,5 cm)

129 *Im Atelier.* 1954

134 *Umschlagzeichnung für die erste Folge von »Minotaurus«.* Paris, Mai 1933. Museum of Modern Art, New York

135 *Kopf.* 1969

136 *Hände und Blumen*

Braque:
78 *Tauben.* 1958

Cézanne:
72 *Mont Sainte Victoire*
73 *Die Badenden*

Cocteau:
88 *Sergej Diaghilew*
89 *Nijinsky im Kostüm von Baskt zu »Le Spectre de la Rose«* (Eines von Cocteaus berühmten Plakaten für das »Ballet Russe«). 1913
91 *Karikatur Strawinskys, der die Musik zu »Le Sacre du Printemps« einer fassungslosen Zuhörerschaft vorspielt,* Paris 1924
93 *Picasso und Strawinsky*
131 *Picasso als »L'oiseau du Benin«.* Apollinaire 1917 gewidmet (Bleistift)

Derain:
133 *Bildnis Picasso, um 1908.* (Tinte, 21 × 17 cm) Sammlung Picasso

Gris, Juan:
83 *Der Clown.* 1924

Jacob, Max:
132 *Bildnis Picasso, um 1914.* (Öl)

Matisse:
74 *Tanz.* 1909 (Öl auf Leinwand, 260 × 390 cm). Museum of Modern Art New York

Modigliani:
64 *Picasso.* 1915 (Bleistift, 26 × 22 cm). Collection Mme. Renée Laporte

Laurencin, Marie:
61 *Junge Frau mit Hut.* 1912 (Öl auf Leinwand)
62 *Gruppe von Künstlern.* 1908, Baltimore Museum of Art. The Cone Collection

Oliver, Fernande:
130 *Bildnis Picasso, um 1908*

Rousseau, Henri:
60 *Die Muse inspiriert den Dichter.* 1909 (Öl auf Leinwand)
67 *Die schlafende Zigeunerin.* 1897. Museum of Modern Art, New York
68 *Frauenporträt (Yadwigha) undatiert, aber von Picasso 1908 erworben.* (Öl auf Leinwand, 160 × 100 cm) Musée Picasso, Paris